Wolf Dieter Hellberg / Wolfgang Pütz

Abitur-Prüfungsaufgaben
Deutsch
2007

GK Nordrhein-Westfalen

Klett Lernen und Wissen

Wolf Dieter Hellberg ist Leiter eines Bonner Gymnasiums und mehrjähriger Fachleiter in der Lehrerausbildung (Deutsch).

Wolfgang Pütz ist Gymnasiallehrer in Nordrhein-Westfalen für Deutsch und Französisch und in der Lehrerausbildung tätig.

Der 1. Teil – Allgemeine Hinweise zu Grundanforderungen und Checklisten – orientiert sich in seinen Ausführungen an den Richtlinien des Landes NRW (Richtlinien und Lehrpläne für die Sekundarstufe II – Gymnasium/Gesamtschule in Nordrhein-Westfalen. Deutsch. Ritterbach Verlag 1. Auflage 1999), den Aufgabenbeispielen zu diesen Richtlinien (Qualitätsentwicklung und Qualitätssicherung – Aufgabenbeispiele für die gymnasiale Oberstufe in Nordrhein-Westfalen. Deutsch. Ritterbach Verlag 2000) und den „Einheitlichen Prüfungsanforderungen in der Abiturprüfung Deutsch – (Beschluss der Kultusministerkonferenz vom 1. 12. 1989 i.d.F. vom 24. 05. 2002) www.kmk.org/dcd/beschl/epa_deutsch.pdf

Bibliographische Information Der Deutschen Bibliothek
Die Deutsche Bibliothek verzeichnet diese Publikation in der Deutschen Nationalbibliothek; detaillierte bibliographische Daten sind im Internet über http://dnb.ddb.de abrufbar.

Auflage 4. 3. 2. 1. | 2009 2008 2007 2006
Dieses Werk folgt der reformierten Rechtschreibung und Zeichensetzung. Ausnahmen bilden Texte, bei denen künstlerische, philologische oder lizenzrechtliche oder andere Gründe einer Änderung entgegen stehen. Die letzten Zahlen bezeichnen jeweils die Auflage und das Jahr des Druckes.
Alle Rechte vorbehalten.
Das Werk und seine Teile sind urheberrechtlich geschützt. Jede Nutzung in anderen als den gesetzlich zugelassenen Fällen bedarf der vorherigen schriftlichen Einwilligung des Verlages. Hinweis zu § 52a UrhG: Weder das Werk noch seine Teile dürfen ohne eine solche Einwilligung eingescannt und in ein Netzwerk eingestellt werden.
Dies gilt auch für Intranets von Schulen und sonstigen Bildungseinrichtungen.
Fotomechanische Wiedergabe nur mit Genehmigung des Verlages
© Klett Lernen und Wissen GmbH, Stuttgart 2006
Internetadresse: www.klett.de
DTP: Ulrike Eisenbraun
Druck: Medien Druck Unterland GmbH, Weinsberg
Printed in Germany
ISBN 13: 978-3-12-929855-8
ISBN 10: 3-12-929855-X

Inhalt

Vorwort 5

Vorbemerkung zu den Anforderungen im Grundkursbereich 6

1. Teil Allgemeine Hinweise zu Grundanforderungen und Checklisten 10

Obligatorische Planungsvorgaben 10
1. Umgang mit Texten 10
2. Reflexion über Sprache 13
3. Vorgaben für das Zentral-Abitur 2007 14

Der Dreischritt: Wissen, Anwenden, Werten – WAW 16

Aufgabenarten für die schriftliche Abiturprüfung 20
1. Aufgabenart I 21
2. Aufgabenart II 24
3. Aufgabenart III 26
4. Allgemeine Leistungsanforderungen und Tipps 29

2. Teil: Checklisten mit Übungen und Lösungen 35

Analyse von Dramenszenen in Verbindung mit Dramentheorie 36
1. Vorüberlegungen 37
2. Checkliste 38
3. Beispielaufgabe (Büchner: Woyzeck) 42
4. Lösungsentwurf 45

Vergleichende Analyse von lyrischen Texten 54
1. Vorüberlegungen 54
2. Checkliste 57
3. Beispielaufgabe (Gedichtvergleich Eichendorff: Frische Fahrt – Brecht: Radwechsel) 59
4. Lösungsentwurf 61

Analyse von epischen Texten in Verbindung mit einem Sachtext 65
1. Vorüberlegungen 65
2. Checklisten 66
3. Beispielaufgabe (Kafka: Der Nachbar – Seiler: Vieldeutigkeit und Deutungsvielfalt) 70
4. Lösungsentwurf 75

Inhalt

Analyse von fiktionalen und nicht-fiktionalen Texten zur Sprachreflexion 81
1. Vorüberlegungen 81
2. Checkliste 83
3. Beispielaufgabe (Hofmannsthal: Ein Brief – Wolf Schneider: Was ist das – Wirklichkeit?) 84
4. Lösungsentwurf 91

Texterörterung 103
1. Vorüberlegungen 103
2. Checkliste 105
3. Beispielaufgabe (Hintermeier: Bayern stärkt die Dialekte – Erörterung: Sinn und Unsinn von Sprachschutzmaßnahmen) 106
4. Lösungsentwurf 109

3. Teil: Musterklausuren mit Lösungen 115

Analyse eines Sachtextes mit weiterführendem Schreibauftrag 116
(P. Pütz: Formen der Ankündigung – Der Monolog
G. E. Lessing: Emilia Galotti

Vergleichende Analyse von literarischen Texten 130
(J. W. Goethe: Maifest – H. Heine: Mein Herz, mein Herz ist traurig)

Argumentative Entfaltung eines fachspezifischen Sachverhaltes
im Anschluss an eine Textvorlage 140
(I. Bubis: Ansprache in Bergen-Belsen 1995 – B. Schlink: Der Vorleser)

Vergleichende Analyse von literarischen Texten 155
(M. Frisch: Homo faber – Th. Fontane: Irrungen, Wirrungen)

4. Teil: Das mündliche Abitur 167

1. Formale Voraussetzungen 168
2. Vorbereitung auf die mündliche Prüfung 172
3. Beispielaufgabe und Lösung 175
4. Die Prüfung 180

Vorwort

Liebe Schülerinnen und Schüler,

mit dem Zentralabitur ändern sich für Sie, aber auch für Ihre Lehrer, wesentliche Merkmale der Arbeitsweise in der gymnasialen Oberstufe, der Leistungsanforderung und der Leistungsüberprüfung im Abitur. Bisher stellten Ihre Lehrer die Abituraufgaben aufgrund der behandelten Unterrichtsthemen, natürlich orientiert an den Vorgaben der Richtlinien des Landes, dann teilten sie der Behörde ihre Vorbereitung auf das Abitur und die Leistungsanforderungen mit und korrigierten anschließend die Klausuren.

Das Zentralabitur stellt nun alle vor eine völlig neue Situation:
1. Ihr Fachlehrer erhält ihm unbekannte Themen und Arbeitsanweisungen.
2. Er bekommt zugleich ein Bewertungsschema, das von denjenigen entwickelt wurde, die die Themen gestellt haben.
3. Diese Bewertungsraster gehen von verbindlichen Teilleistungen aus, die sich an den Vorgaben der Richtlinien orientieren und die inhaltlich festgelegt sind.
4. Zugleich wird den Teilleistungen ein Punktschlüssel zugewiesen, der es erlauben soll, die Leistungen stärker zu objektivieren.

Damit wird der Unterricht in zentralen Aspekten verändert:
Ihr Fachlehrer
1. erarbeitet mit Ihnen obligatorische Texte (S. 10),
2. bearbeitet mit Ihnen die in den Richtlinien vorgesehenen obligatorischen Themen und Arbeitstechniken (S. 11),
3. bereitet Sie vor auf die unterschiedlichen Anforderungsbereiche (S. 15 ff.) und
4. muss Sie in die Lage versetzen, die verschiedenen Aufgabenarten zu bewältigen.

Unser Anliegen ist es, Ihnen zu zeigen, welche Anforderungen an Sie gestellt werden, wie Sie sich auf diese neuen Anforderungen vorbereiten können und wie Sie außerdem ein Gespür bekommen, welche Teilleistungen von Ihnen verlangt werden, damit Sie eine optimale Abiturprüfung ablegen.

Vorbemerkung zu den Anforderungen im Grundkursbereich

Dieses Buch ist für Schülerinnen und Schüler des Grundkurses Deutsch geschrieben. Damit Sie die Anforderungen, die an Sie in der Qualifikationsphase und in der Abiturprüfung gestellt werden, besser abschätzen können, möchten wir einige Anmerkungen zu den Unterschieden von Grund- und Leistungskursen voranschicken:

Grund- und Leistungskurse haben zunächst einmal gleiche Ziele im Hinblick auf die Grundbildung in den Bereichen Literatur und Sprache.
Beide Kursarten stimmen zudem in der Forderung überein, die in der folgenden Übersicht formuliert sind.

Grundsätzliche Anforderungen im Grundkurs- und im Leistungskursbereich
- Erschließen von Texten und Medien
- Schriftliches und mündliches Darstellen
- Kenntnisse und Anwendung von Verfahren zur Beschreibung, zur Analyse und zur Bewertung sprachlicher Äußerungen
- Argumentationsfähigkeit sowie situations-, intentions- und adressatengerechter Einsatz dieser Kompetenz
- Reflektieren über Sprache
- Untersuchung von Sprache und Sprachgebrauch
- Beherrschen von Arbeitstechniken und Methoden
- Teilnahme am kulturellen Leben

Die Unterschiede zwischen Leistungskurs- und Grundkursanforderungen zeigen sich einerseits in Unterschieden der verpflichtenden Themen, andererseits aber auch in grundlegenden Anforderungen; zudem kann Deutsch im Grundkursbereich als **4. Fach** mit einer **mündlichen Prüfung** gewählt werden, daher wird ein Kapitel dieser Anforderung gewidmet sein.

Grundkurse sollten so angelegt sein, dass sie eine grundlegende Einführung in wissenschaftliches Arbeiten verfolgen, während Leistungskurse die Themen und Fragestellungen exemplarisch vertiefen, komplexere Inhalte, Theorien und Methoden einbeziehen sowie eine deutlichere Reflexion über fachspezifische und fächerübergreifende Aspekte des Faches verlangen. Die folgende Tabelle verdeutlicht Ihnen, worauf es im Grundkurs Deutsch ankommt.

Spezielle Anforderungen im Grundkursbereich

- analysierendes und erörterndes Erschließen literarischer Texte sowie Kenntnis der deutschsprachigen Literatur, ihrer wesentlichen Epochen (vgl. Epochenumbrüche) und ihrer Gattungen
- Erschließen hinreichend komplexer pragmatischer Texte und Fähigkeit differenziert, adressatenbezogen und situationsangemessen zu argumentieren
- Reflexion über Kommunikation
- Methodenreflexion
- Erwerb von flexibler Schreib- und Sprachkompetenz
- orthografisch und grammatisch normgerechte Sprachverwendung
- freier mündlicher Vortrag mit klarer Gliederung (4. Abiturfach)

1. Teil

Allgemeine Hinweise zu Grundanforderungen und Checklisten

Obligatorische Planungsvorgaben

Die Übungen zu den Checklisten und die Aufgabenbeispiele zu den verpflichtenden Lektüren des Zentralabiturs 2007 (S. 35 ff.) orientieren sich an den Vorgaben, die in den Richtlinien des Landes NRW obligatorisch festgelegt sind. Damit sollen Sie für Ihre persönliche Vorbereitung in die Lage versetzt werden, zu erwartende Anforderungen durch das Zentralabitur realistisch abschätzen und entsprechend üben zu können.

1. Umgang mit Texten

a) Literarische Texte

Im Hinblick auf den **Umgang mit literarischen Texten** müssen im Unterricht folgende Texte ausführlicher behandelt worden sein:

> **Obligatorische Texte (Abitur 2007)**
> 1. Lessing: Emilia Galotti (Uraufführung 1772 – Epoche der Aufklärung)
> 2. Fontane: Irrungen, Wirrungen (1886 vollendet – Epoche des Realismus)
> 3. Lyrische Texte aus der Zeit zwischen 1945–1960
> 4. Schlink: Der Vorleser (Roman 1995)

Zusätzlich kommen **Epochenumbrüche und historischen Bezüge** (vgl. S. 11) hinzu, die sich mit den verpflichtend zu lesenden Texten problemlos verknüpfen lassen.
Der Begriff „Epochenumbruch" verweist auf ein erweitertes Verständnis der Einordnung von Literatur in einen historischen, politischen, kulturellen Zusammenhang: Einerseits geht es nach wie vor darum, typische Epochen und ihre Besonderheiten zu kennen, darüber hinaus sollen Sie als Schüler aber gerade das „Ordnungsmuster" der Epochen kritisch befragen und erkennen,

- dass es keine kontinuierlichen Abfolgen (im Sinne von: auf die Aufklärung folgt der Sturm und Drang, danach kommt die Klassik) in der Literaturgeschichte gibt,
- dass vielmehr parallele Entwicklungen und widersprüchliche Ausprägungen von Ideen zur gleichen Zeit zu verzeichnen sind,
- dass Themenbereiche wie Natur, Geschichtsauffassung, Bild vom Staat und von der gesellschaftlichen Ordnung, Menschenbild, Menschen in der Familie, Kunstauffassung usw. aus sehr unterschiedlichen Blickwinkeln literarisch erfasst werden.

Es geht also nicht mehr darum, die literarischen Epochen (die zudem in ihrer Konstruktion nicht unumstritten sind) systematisch zu rekonstruieren, sondern Einblicke in Veränderungen von Wertevorstellungen, von kunsttheoretischen Überlegungen, von Welt- und Selbstverständnis in dicht aufeinander folgenden Zeiträumen zu gewinnen, sozusagen das **„Gleichzeitige des Ungleichzeitigen"** zu erfahren. Etwa um 1900 treffen Werke des „Naturalismus", des „Fin de Siècle", des „Expressionismus" und der „Neuen Sachlichkeit" aufeinander.

Durch kontrastierende lyrische, dramatische und epische Texte wird Ihnen
- die neue Sicht auf die moderne Großstadt eröffnet werden, etwa durch Döblins Roman „Berlin Alexanderplatz" und durch naturalistische Gedichte zur Thematik Großstadt,
- die moderne Industriegesellschaft in Hauptmanns naturalistischem Drama „Die Weber" ebenso vermittelt wie in Brechts Drama „Die heilige Johanna der Schlachthöfe",
- die Sprach- und Sinnkrise der Jahrhundertwende deutlich, beispielsweise in Kafkas Parabel „Vor dem Gesetz", in von Hofmannsthals „Der Brief" oder in vielen Gedichten von Benn.

Hinzu kommen Sachtexte aus dieser Zeit zu den sozialen, historischen und ästhetischen Veränderungen.

Auf der einen Seite mag es für Sie als Schüler schwieriger scheinen, die Epochen „in den Griff" zu bekommen, auf der anderen Seite aber wird die Arbeit mit Texten durch die Möglichkeit des Kontrastierens von unterschiedlichen Positionen für Sie interessanter.

Obligatorisch zu behandelnde Epochenumbrüche

Epochenumbruch 18./19. Jahrhundert: Dabei geht es vor allem um die Epochen „Aufklärung", „Sturm und Drang", „Klassik" und „Romantik" – im Hinblick auf die Aufklärung kommt Lessing eine herausragende Bedeutung zu.

Epochenumbruch 19./20. Jahrhundert: „Realismus", „Naturalismus", „Impressionismus", „Expressionismus" und „Neue Sachlichkeit" stehen hier im Vordergrund; im Hinblick auf „Irrungen, Wirrungen" von Theodor Fontane müsste der „Realismus" deutlich einbezogen werden.

Die Vorgaben des Zentralabiturs gehen weiterhin davon aus, dass Sie in der Qualifikationsphase zusätzlich Folgendes behandelt haben:

Weitere Texte, die behandelt werden müssen (Obligatorik):
1. **eine weitere Lyrik-Reihe** (mit einer thematischen Orientierung, z. B. Liebe, Natur, Krieg, Großstadt)
2. **ein weiteres Drama**, das sich in seinem Aufbau, seiner Zielsetzung und/oder seinem Bezug zum Zuschauer von Lessings Drama „Emilia Galotti" unterscheiden soll (z. B. offenes Drama, episches Theater, Dokumentartheater, soziales Drama)

3. **einen weiteren Roman**, der sich in seiner Erzähltechnik, der Rolle des Erzählers, seiner Konzeption, und/oder seiner Zielsetzung von Fontanes Roman „Irrungen, Wirrungen" unterscheiden soll, z. B. Brief-Roman, moderner Roman, satirischer Roman

Dabei gilt: Eine der Gattungen muss durch **einen nicht-deutschsprachigen Text** vertreten sein, so etwa durch einen französischen Roman oder durch ein anglo-amerikanisches Drama in jeweils deutscher Übersetzung.

b) Sachtexte

Neben literarischen Texten stehen nicht-literarische bzw. **Sachtexte** im Mittelpunkt der unterrichtlichen Arbeit im Grundkurs Deutsch. Im Verlauf der Qualifikationsphase sollten innerhalb der Aufgabenarten insgesamt möglichst viele Sachtexte (z. B. Reportagen, Briefe, Rezensionen, Flugblätter, Essays und literaturtheoretische Texte) einbezogen worden sein. Diese Texte dienen dazu, Sach- und Problembereiche in historische, biographische oder gesellschaftliche Zusammenhänge zu stellen und so zu deren Klärung beizutragen.

Die Richtlinien verlangen insbesondere auch, dass im Unterricht mindestens ein **längerer Sachtext** behandelt werden muss.

2. Reflexion über Sprache

Auch für den Bereich Reflexion über Sprache ist für das Zentralabitur ab 2007 ein verpflichtendes Thema vorgesehen:

Obligatorisches Thema

4. Rhetorik – öffentliche Rede

Im Grundkurs ist darüber hinaus **eine** einzelne **zusätzliche Unterrichtseinheit** auf die Reflexion über Sprache bezogen. Aus der folgenden Liste können Sie hierzu Themenbereiche und mögliche Aspekte ersehen:

Zusätzliche Obligatorik

Kommunikation und Kommunikationstechnologie: Kommunikationsprobleme in Alltagssituationen, Sprache der Medien usw.

Sprachentwicklung: Deutsch als germanische Sprache, Geschichte der Entwicklung vom Althochdeutschen über das Mittelhochdeutsche zum Neuhochdeutschen, Entwicklung der Dialekte, Formen des Sprachwandels usw.

Sprachvarietäten: Betrachtung von Dialekten des Deutschen, von Soziolekten (Jugendsprache, Wissenschaftssprache), von Sprachbarrieren usw.

Sprachstruktur und Sprachfunktion: Formen und Ziele des Sprechens usw.

Denken, Verstehen, Lernen: Spracherwerb bei Kindern, Sprache und Denken (Frage: Ist Denken ohne Sprache nicht möglich?) usw.

Die nicht behandelten Themen werden dann in anderen Unterrichtsvorhaben einbezogen, so **dass zumindest alle 5 Themenbereiche bekannt sein müssten**.

3. Vorgaben für das Zentral-Abitur 2007

I. Allgemeine Obligatorik	II. Ergänzende obligatorische Vorgaben – für Grundkurs 2007	III. Themen und Texte, die für die Klausuren von Bedeutung sein könnten
Umgang mit Texten		1. Anfang eines Dramas und/oder Lessing „Emilia Galotti" (z. B. Exposition, Figurenkonstellation, Dialoganalyse) 2. Sachtexte zu einem Epochenumbruch 3. ein Romananfang und/oder Fontane
historische Bezüge, Epochen		
Epochenumbruch 18./19. Jahrhundert	Epochenumbruch unter besonderer Berücksichtigung des Dramas „Emilia Galotti" von Lessing (einschließlich Dramentheorie)	
Epochenumbruch 19./20. Jahrhundert	Epochenumbruch unter besonderer Berücksichtigung von Erzählformen: Fontane – „Irrungen, Wirrungen"	„Irrungen, Wirrungen" bzw. Schlink „Der Vorleser" (Erzählstruktur, Erzählhaltung, Erzähltheorie) 4. kürzere Erzähltexte (Kurzgeschichte, Kurzprosa, Parabel) – möglicherweise im Vergleich zu Schlink „Vorleser" 5. Gedichte (Vergleich unter thematischem Bezug) 6. Gedichte im Vergleich 7. Sachtext zur Gattungstheorie (Dramentheorie, Theorie des Theaters, Erzähltheorie, Lyriktheorie, Gattungsproblematik)
Gegenwartsliteratur	Schlink – „Der Vorleser"	
Gattungen, Textsorten, Medien Lyrik (2 Reihen)	Lyrik-Reihe: Lyrik 1945 – 1960	
Gattungen, Textsorten, Medien Lyrik (2 Reihen)	Lyrik-Reihe: Lyrik 1945 – 1960	
Drama (2 Dramen)	s. o. Lessing – „Emilia Galotti"	
Roman (2 Romane)	s. o. Fontane – „Irrungen, Wirrungen"	
1 längerer Sachtext*		

Reflexion über Sprache Strukturen der Sprache als System und Funktion von Sprache in Texten und Kommunikationssituationen	Rhetorik – öffentliche Rede	8. Sachtext zur Thematik der Bedeutung und der Wirkung von Literatur sowie zur literarischen Wertung usw. 9. Sachtext zum Themenbereich „Reflexion über Sprache"
Sprache als Ergebnis von Entwicklungsprozessen		
Verhältnis von Sprechen, Denken und Wirklichkeit		
Durch moderne Technologien bewirkte Veränderungen im Denken, Wahrnehmen und Kommunizieren		

* Bei der Vorlage von Texten gilt es zu beachten, dass die Texte unterschiedliche Halbjahresthemen einbeziehen (d. h. ein Sachtext zu einem fachspezifischen Problem wird verknüpft mit einem literarischen Text, wenn beide Textsorten inhaltlich auf unterschiedliche Halbjahre bezogen werden können).

Der Dreischritt: Wissen, Anwenden, Werten – W A W

Die folgenden Ausführungen stellen die Grundlage für die Bearbeitung aller Aufgabentypen und Textsorten dar. Sie sollten sie daher sehr sorgfältig lesen und durch die Informationen, die Sie in Ihrem Unterricht gesammelt haben, selbstständig ergänzen. Die Beispiele können nur als Denkanstöße verstanden werden, sie lassen sich beliebig erweitern.

Für mündliche und schriftliche Leistungen in der gymnasialen Oberstufe werden grundsätzlich **drei Anforderungsbereiche** unterschieden, die in ihrem Komplexitäts- und Schwierigkeitsgrad ansteigen und sich damit auch in der Benotung widerspiegeln.

A I – Wissen/ Reproduktion

1. Der einfachste Anforderungsbereich (A I) verlangt von Ihnen die **Wiedergabe von Wissen:**

   - z. B. Inhalt eines Werkes kennen, um eine Szene in den Kontext einzuordnen
   - Kenntnisse von **Fachbegriffen** und **Strukturelementen** (z. B. Was versteht man unter dem Begriff „Realismus"? Welche erzähltechnischen Mittel sind mir bekannt? Wie ist das klassische Drama aufgebaut? Welche Merkmale weist ein Sonett auf? usw.)
   - Kenntnis fachspezifischer Begriffe im Hinblick auf Sprache und stilistische Merkmale (Kenntnis von Wortarten, Satzarten, rhetorischer Mittel usw.)
   - Anwendung von fachspezifischen Arbeitstechniken (z. B. Wie zitiere ich korrekt? Wie fertige ich eine Inhaltsangabe an?)

Tipps

▷ **Tipps und Anregungen zum 1. Anforderungsbereich:**

Dies bedeutet für Ihre Abiturvorbereitung, dass Sie schon frühzeitig zentrale Werke und Sachtexte noch einmal lesen und knappe Inhaltsskizzen anfertigen. Nach wie vor ist es günstig, knappe Informationen auf Karteikarten, die eine entsprechende Überschrift erhalten, zu schreiben und nach und nach zu ergänzen.

> Sie sollten sich zentrale Begriffe und Strukturmerkmale notieren und mit Querverweisen versehen (Tragödie – bürgerliches Trauerspiel – Lessing: Emilia Galotti – Worin besteht die Besonderheit des bürgerlichen Trauerspiels?).

2. Komplexer ist der zweite Anforderungsbereich (A II): die **Anwendung von Kenntnissen**.
Dieser Bereich baut auf dem vorhergehenden auf. Hierzu gehören beispielsweise:

A II – Anwendung/ Reorganisation

- Beschreibung des Textaufbaus, bzw. Herausarbeiten des gedanklichen Aufbaus eines Textes
- Wiedergabe des Inhaltes eines komplexeren Textes
- Untersuchung sprachlicher und poetischer Mittel im Hinblick auf ihre Funktion und Wirkung (Welche Besonderheiten fallen im Satzbau auf? Wie sollen sie auf den Leser oder Zuschauer wirken? Was fällt im Hinblick auf den Wortschatz auf? Welche besonderen rhetorischen und stilistischen Merkmale lassen sich erkennen? Welche Erzählstrategien werden verwendet? Welche Metaphern, Symbole etc. fallen auf?)
- Das Herausarbeiten und Bestimmen von charakteristischen Merkmalen einer Epoche, eines Autors (Worin bestehen die unverwechselbaren Merkmale einer Epoche, die ich in diesem Werk wieder erkenne? Besteht die Möglichkeit, mein Wissen über Autor oder Epoche durch Querverweise nachzuweisen?)

> **Vorsicht: Nicht ohne sinnvolle Anknüpfung etwas Auswendiggelerntes vorlegen!** Häufig wird der Fehler begangen, Sachinformationen, seien es Hinweise zum Autor, seien es Informationen zur Epoche oder zu historischen Hintergründen, die man auswendig gelernt hat, in die Klausur einzubringen, ohne den Bezug zur Aufgabenstellung, zu einem Ergebnis der eigenen Analyse oder zu einer Deutung des Werkes herzustellen und in die Klausur zu integrieren.

Tipp

3. Die anspruchsvollste Ebene zielt auf **Problemlösung und Wertung**.
Um diesen Anforderungsbereich zu erfüllen, benötigen Sie kein Universitätsexamen, es werden hier von Ihnen nur eine größere Selbstständigkeit in der Bearbeitung

A III – Werten, Problem lösen Urteilen/Transfer

und ein höheres Abstraktionsniveau verlangt. Sie lösen sich von der Ebene des Wissens und seiner Anwendung und gelangen zur Ebene der Deutung, der Interpretation, der Bewertung einer fremden Meinung, der Darlegung und Begründung Ihrer eigenen Meinung.

Lesen Sie die Aufgabenstellung gründlich durch und überlegen Sie, mit welcher Frage, welchem Impuls, welcher zusätzlichen Anforderung Sie diese Stufe der Wertung bzw. Problemlösung erreichen sollen. Beispielsweise durch:

- Beurteilung der Wirkung eines Textes
- Einordnung von Positionen, die in dem Werk vertreten werden, in übergeordnete Zusammenhänge (Warum charakterisiert sich Galilei in dem gleichnamigen Drama von Brecht in der dritten Fassung als Verbrecher? Welche historischen Ereignisse haben die Veränderung des Dramas beeinflusst?)
- Kritische Beurteilung des eigenen Vorgehens bei der Bearbeitung der Aufgabe (Über welche Informationen müsste ich noch verfügen, um den Sachverhalt zu beurteilen, um den literarischen Text zu interpretieren? usw.)
- Erörterung eines fachspezifischen Sachverhaltes (Entspricht das Drama „Das Leben des Galilei" den Forderungen des epischen Theaters? Wo weicht es davon ab? usw.)

Tipps

▷ **Tipps und Anregungen zum 2. und 3. Anforderungsbereich:**

Stellen Sie wichtige sprachliche Mittel zusammen und ordnen Sie diesen mögliche Funktionen zu.

Üben Sie zudem die Anfertigung von Inhaltsangaben, diese werden in allen Fächern verlangt, so dass Sie damit problemlos auch Ihre Note für die sonstige Mitarbeit in anderen Fächern verbessern können.

Zudem können Sie in allen Fächern die Umsetzung von Wissen und die Problematisierung üben.

Nutzen Sie diese Möglichkeiten frühzeitig und bemühen Sie sich um schriftliche Ausformulierung. Die stichwortartigen Beantwortungen von Aufgaben und Fragen verbessert Ihre Fähigkeiten zur **sprachlichen Gestaltung** von Texten nur geringfügig.

▷ Um Sie sensibel zu machen für die Anforderungen, die an Sie gestellt werden, sollten Sie überlegen:
- Welche der zuvor genannten Anforderungsbereiche habe ich bisher in den Aufgabenstellungen von Klausuren erkannt?
- In welchen Anforderungsbereichen haben sich meine Klausuren bisher bewegt?
- An welchen Stellen hätte ich die Klausuren auf ein höheres Abstraktionsniveau (z. B. A III) bringen können, mit welchen Informationen?
- Wo spiegeln sich diese Anforderungen im Unterricht (mündliche Beiträge, schriftliche Anforderungen) wider?
- Wo erkenne ich sie in Aufgabenstellungen von Hausaufgaben, Unterrichtsgesprächen, Klausu-

Aufgabenarten für die schriftliche Abiturprüfung

Tipp: Lesen Sie diese Seiten erst, wenn Sie sich intensiver mit den Checklisten und den Musterklausuren befasst haben.

Sachtexte und literarische Texte

Die Abiturprüfungen in NRW sehen drei unterschiedliche Aufgabenarten vor, die jeweils noch einmal in unterschiedliche Typen untergliedert sind. Jede dieser Aufgabenarten wird in den folgenden Teilen behandelt und in den Grundanforderungen detailliert beschrieben. Die Verweise finden Sie jeweils hinter den Aufgabenarten.

Bei der **Aufgabenart I** steht die Analyse von **Sachtexten** im Zentrum. Dabei werden drei unterschiedliche Schwerpunkte gesetzt (Richtlinien NRW – RL, S. 75; Hinweise zu den Richtlinien siehe Impressum)

- Typ A – **Analyse** eines Sachtextes mit **weiterführendem Schreibauftrag** (s. S. 116 ff)
- Typ B – **Vergleichende Analyse** von Sachtexten
- Typ C – **Vergleichende Analyse eines Sachtextes und eines literarischen Textes** (s. S. 65 ff)

Die **Aufgabenart II** verlangt die **Analyse kürzerer literarischer Texte bzw. Auszüge aus umfangreicheren Werken.** Hier werden zwei Aufgabentypen unterschieden:

- Typ A – **Analyse** eines literarischen Textes mit weiterführendem Schreibauftrag (s. S. 37 ff, 81 ff)
- Typ C – **Vergleichende Analyse** von literarischen Texten (s. S. 54 ff, 130 ff., 155 ff)

Die **Aufgabenart III** sieht eigentlich zwei Formen der **Erörterung** vor, doch müssen Sie im Abitur lediglich mit einem einzigen Aufgabentyp rechnen:

- Typ A – **argumentative Entfaltung** eines fachspezifischen Sachverhalts bzw. Problems oder eines Problems, dessen fachlicher Hintergrund aus dem Unterricht bekannt ist, im Anschluss an eine Textvorlage (s. S. 140 ff.)

1. Aufgabenart I

▷ Die *Aufgabenart I* fordert von Ihnen zunächst die Analyse eines Sachtextes mit überwiegend informierender, argumentierender oder appellierender Funktion. Dies können beispielsweise sein: literaturtheoretische Texte, sprachtheoretische oder sprachkritische Abhandlungen, Kommentare, Briefe, Reden (vgl. Obligatorik – öffentliche Rede), Interpretationen. Zusätzlich könnte von Ihnen verlangt werden, einen Sachtext mit einem weiteren Sachtext bzw. einem literarischen Text zu vergleichen.

Grundsätzlich müssen Sie im Hinblick auf die Analyse eines Sachtextes folgende Leistungen erbringen:

- Genaues Erfassen des Themas
- Untersuchung des Aufbaus des Textes
- Herausarbeiten der wesentlichen Thesen
- Überprüfen der Argumentation des Verfassers auf Stichhaltigkeit und Schlüssigkeit
- Erarbeitung der Einstellung und Position des Verfassers sowie die Untersuchung der Absicht des Textes
- Einbezug des Adressaten und der Situation (so weit dies möglich ist, bzw. verlangt wird)
- Kritische Reflexion der Argumentation
- Erarbeitung und kritische Beurteilung der strukturellen und sprachlichen Merkmale des Textes in ihrer Funktion und Untersuchung der Aussage- und Wirkungsabsicht
- Kritische Beurteilung der Wirkung und Wirkungsabsicht
- Einordnung des Textes in übergeordnete Zusammenhänge (Epoche, Sachgebiet, politische oder gesellschaftliche Verhältnisse usw.)

Vergleichsmöglichkeiten:
Vgl. hierzu Aufgaben in Teil 2) und 3)

Sie erleichtern sich die Arbeit, indem Sie ein Raster einüben, das es Ihnen erlaubt, die Analyse sinnvoll gegliedert durchzuführen.
Die folgenden Hinweise zu den Anforderungsbereichen können schon im Sinne eines vorläufigen Rasters gesehen werden.

Was wird grundsätzlich verlangt?

Zum besseren Verständnis möchten wir die drei Anforderungsbereiche zu dieser Aufgabenart I knapp skizzieren:

Zum Anforderungsbereich I (Wissen)

**Aufgabenart I
A I – Wissen/
Reproduktion**

- Welche Textsorte liegt vor?
- Welche Grundabsicht ist vorherrschend (Information, Appell, Argumentation)?
- Welche Besonderheit weist die Textart auf? (z. B. Flugblatt, Brief, Zeitungsartikel)
- In welchem gedanklichen Zusammenhang steht der Text (Epoche, Bezug zu einer Gattung, einem Werk, einem Autor?
- Was weiß ich über den Autor?
- Welche sprachlichen Mittel fallen auf?

Zum Anforderungsbereich II (Anwenden)

**Aufgabenart I
A II – Anwendung/
Reorganisation**

Text erfassen und beschreiben (Struktur- und Kompositionsanalyse sowie Analyse der rhetorischen, bildlichen, semantischen Mittel und Stilanalyse-RL)
Genaues Lesen und Klären von Begriffen; Erschließen von komplexen Sätzen

- Wie ist der Text aufgebaut? (z. B. durch Überschriften markieren)
- Was lässt sich anhand des Aufbaus über die Zielsetzung aussagen?
- Wie lautet die Kernaussage des Textes?
- Wie ist die zentrale Aussage abgesichert?
- Welche Argumente, Belege, Beispiele werden angeführt?
- Welche Absicht verfolgt der Autor? Welche Zielgruppe spricht er an?
- Welche Kommunikationssituation liegt vor?
- Welche sprachlichen Mittel sind im Hinblick auf ihre Funktion innerhalb des Textes besonders wichtig? Wie kann ich diese Funktion beschreiben? Wie lässt sich der Stil des Textes beschreiben? (ironisch, sachlich, provokant, unterschwellig beeinflussend?)
Achten Sie hierbei auf:
– Satzbau
– Wortwahl
– Semantik
– Sprachebenen
– Metaphorik

Zum Anforderungsbereich III (Problemlösen, Beurteilen, Werten)

(Themen-, Problem- und Konfliktanalyse – RL)
- Kritische Auseinandersetzung mit dem Text
- Erreicht der Verfasser sein angestrebtes Ziel? Wie beurteile ich Inhalt, Zielsetzung, Form des Textes?
- Welche Argumente, Beispiele, Belege für oder gegen den Text lassen sich anführen?
- Welche Hinweise im Text habe ich für die Einordnung dieses Textes in zeitgeschichtliche, literaturgeschichtliche, gesellschaftliche Zusammenhänge?
- Lässt sich der Text mit anderen Texten, die behandelt worden sind, verknüpfen? Z. B. im Hinblick auf formale, inhaltliche, literaturhistorische Akzente oder mit Blick auf die Darstellung der gesellschaftlichen Zustände, der vertretenen Werte, der politischen oder sozialen Konflikte?

**Aufgabenart I
A III – Werten,
Problem lösen,
Urteilen/Transfer**

2. Aufgabenart II

Was wird grundsätzlich verlangt?

▷ *Die Aufgabenart II* fordert von Ihnen zunächst die Analyse eines literarischen Textes.
Dies können kurze Texte sein (Lyrik, Kurzgeschichte, Parabel, kurze Erzählung etc.) sowie Ausschnitte aus längeren Texten (Ausschnitte aus Romanen, Novellen, Dramen – **dabei ist zu erwarten, dass bei unbekannten Romanen und Novellen der Anfang, bei Dramen die Exposition genommen wird**).

Die Analyse verlangt von Ihnen zunächst, dass Sie den Text unter Verwendung Ihrer Kenntnisse auf wesentliche Gesichtspunkte hin untersuchen.
Damit Sie beim Verfassen Ihrer Abiturklausur keine Zeit verlieren, ist es wichtig, dass Sie ein Untersuchungsraster vor Augen haben, das Ihnen hilft, Stichpunkte aufzuschreiben und diesen dann Informationen aus dem Gedicht, dem Drama, der Erzählung, dem Roman zuzuordnen.
Machen Sie sich klar, welche unterschiedlichen Anforderungsbereiche von Ihnen erwartet werden.
Die folgenden Fragen sollen Ihnen Anregungen zur Untersuchung geben.

Aufgabenart II A I – Wissen/Reproduktion

Zum Anforderungsbereich I (Wissen):

- Welche Textart liegt vor? Welche Besonderheit weist diese Textart auf? (z. B. Tragödie, episches Theaterstück, Parabel, Kurzgeschichte, Sonett usw.)
- In welchem Handlungszusammenhang steht diese Textpassage?
- Welche Erzählhaltung erkenne ich?
- Welche sprachlichen Mittel erkenne ich wieder?

Aufgabenart II A II – Anwendung/Reorganisation

Zum Anforderungsbereich II (Anwenden):

(Struktur- und Kompositionsanalyse – RL)
Einordnung in den Kontext (bei umfangreicheren Texten)

- Welche Funktion hat diese Textstelle im Zusammenhang?
- Welche Strukturmerkmale sind im Hinblick auf ihre Funktion im Text besonders auffällig?
- Handlungsgefüge und Ereignisse

- Erzählkonzeption
- Raum- und Zeitkonzeption
- Personendarstellung
- und Figurenkonstellation

(Analyse der rhetorischen, bildlichen, semantischen Mittel und Stilanalyse – RL)
- Welche sprachlichen Mittel sind im Hinblick auf ihre Funktion innerhalb des Textes besonders wichtig?
- Wie kann ich diese Funktion beschreiben?

Achten Sie hierbei auf:
– Satzbau
– Wortwahl
– Semantik
– Sprachebenen
– Metaphorik (Lyrik)

Zum Anforderungsbereich III (Problemlösen, Beurteilen, Werten):

(Themen-, Problem- und Konfliktanalyse – RL)
- Welche Bedeutung hat diese Textstelle für den gesamten Text?
- Welche Hinweise im Text (Motive, Sprache, Personenkonstellationen usw.) habe ich für die Einordnung dieses Textes in zeitgeschichtliche, literaturgeschichtliche Zusammenhänge?
- Lässt sich der Text mit anderen Texten, die behandelt worden sind, verknüpfen? Z. B. im Hinblick auf formale, inhaltliche, literaturhistorische Akzente oder mit Blick auf die Darstellung der gesellschaftlichen Zustände, der vertretenen Werte, der politischen oder sozialen Konflikte?

**Aufgabenart II
A III – Werten,
Problem lösen,
Urteilen/Transfer**

3. Aufgabenart III

Was wird grundsätzlich verlangt?

▷ Die *Aufgabenart III* fordert, wie es im Lehrplan Deutsch heißt, von Ihnen *„die argumentative Entfaltung eines fachspezifischen Sachverhalts bzw. Problems*, dessen Hintergrund aus dem fächerverbindenden Unterricht bekannt ist, *im Anschluss an eine Textvorlage."* Kurz gesagt: Sie erläutern und erörtern einen fremden Argumentationszusammenhang, den Sie einem vorgelegten Text (Umfang ca. 1,5 DIN-A4-Seiten) entnehmen. Dieser Text bezieht sich in der Regel auf Inhalte des Deutschunterrichts.

Aufgabenstellungen können wie folgt formuliert sein:
- Geben Sie den Argumentationszusammenhang des Textes wieder, erläutern Sie die einzelnen Aussagen durch eigene Beispiele und nehmen Sie kritisch Stellung. Beziehen Sie sich bei Ihrer Stellungnahme auf andere Ihnen bekannte Positionen.
- Erläutern Sie die Position des Autors und analysieren Sie, wie er diese argumentativ entwickelt. Erörtern Sie, inwieweit Sie die Auffassungen des Autors für überzeugend halten.
- Schreiben Sie eine Texterörterung.
- Erarbeiten Sie die Position des Autors und nehmen Sie Stellung.
- Untersuchen Sie den Gedankengang des Textes und überprüfen Sie, ob die Position des Autors stichhaltig ist.

Analyse einer Textvorlage (Teil 1)

Sie müssen demnach zunächst einen argumentativen Text wie zum Beispiel eine Rede, einen Essay, einen Kommentar, eine Rezension oder, in Ausnahmefällen, einen literarischen Text in der Form analysieren, dass Sie seinen Gedankengang rekonstruieren. Ihre Arbeit konzentriert sich in diesem *ersten Teil* also auf die *Beschreibung und Erklärung des Argumentationsansatzes und der Argumentationsstruktur einer Textvorlage*.

nahmefällen, einen literarischen Text in der Form analysieren, dass Sie seinen Gedankengang rekonstruieren. Ihre Arbeit konzentriert sich in diesem *ersten Teil* also auf die *Beschreibung und Erklärung des Argumentationsansatzes und der Argumentationsstruktur einer Textvorlage.*

Erörterung (Teil 2) — Anschließend sollen Sie sich in einem *zweiten Teil* mit den Argumenten auseinander setzen, indem Sie die Textvorlage kritisch würdigen und gedanklich weiter entfalten. Es wird so überprüft, ob Sie in der Lage sind, komplexe fachliche oder fachübergreifende Problemstellungen, die Ihnen aus dem Unterricht bekannt sind, selbstständig zu klären.

In Ihrer *kritischen Auseinandersetzung mit der Argumentation des Textes* äußern Sie eine vollständige oder eingeschränkte, in jedem Falle aber begründete Zustimmung oder Ablehnung der im Text entfalteten Position und entwickeln eine eigenständige Argumentation, die die Position der Textvorlage weiterführt und problematisiert.

Ihre Erörterung der zentralen Thesen, Argumente und Prämissen des Ausgangstextes muss deutlich umfangreicher als der Teil 1 sein, weil Sie auf diese Weise zu erkennen geben, ob Sie in der Lage sind, sich fachlich situations- und adressatengerecht zu äußern.

Zum Anforderungsbereich I (Wissen):

- Definition der Textsorte: Welche Textart liegt vor? (z. B. Kommentar, Essay, Rede, Rezension eines Buches/eines Theaterstücks usw.)
- Sofern Ihnen bekannt: In welchem Verwendungszusammenhang ist der Text verfasst worden? (z. B. Verleihung eines Literaturpreises, Reaktion auf ein aktuelles politisches oder kulturelles Ereignis usw.)

**Aufgabenart III
A I – Wissen/Reproduktion**

- Adressatenbezug: An wen richtet sich der Text? (z. B. Zeitungsleser, Schüler usw.)
- Welches Thema/welcher Problemzusammenhang steht im Mittelpunkt des Textes? (z. B. Bedeutung von Bildung in der modernen Gesellschaft, Einfluss der Medien auf die Meinungsbildung der Öffentlichkeit usw.)
- Wie lautet die Hauptaussage/These des Autors/der Autorin?
- Welche Argumente werden von ihm/von ihr geltend gemacht?

Aufgabenart III
A II – Anwendung/ Reorganisation

Zum Anforderungsbereich II (Anwenden)

- Weist die Abfolge der Argumente Besonderheiten auf?
- Frage nach der Wirkungsabsicht: Welche sprachlichen Besonderheiten weist der Text im Hinblick auf die Sprachebene (Umgangssprache, Wissenschaftssprache usw.) sowie in Bezug auf Wortwahl und Satzbau auf? Welche rhetorischen Mittel erkenne ich wieder? In welcher Absicht sind sie eingesetzt?
- Beziehe ich mich in meinen Argumenten und Lösungsansätzen zu dem angesprochenen Problem auf die Gedanken innerhalb der Textvorlage zurück? Enthält meine Stellungnahme demnach eine einleitende Bewertung und Würdigung der Argumente, die innerhalb der Textvorlage geltend gemacht werden?
- Zur Schreibhaltung: Sind meine Ausführungen durch einen Ton der Nüchternheit und Distanz geprägt? Bemühe ich mich in meiner Stellungnahme um Objektivität?
- Zum Stil: Sind meine Formulierungen verständlich und in einer Weise gestaltet, die Leser neugierig macht, ihr Interesse wach hält und sie im Hinblick auf die Darstellung der eigenen Meinung überzeugt?

Aufgabenart III
A III – Werten, Problemlösen, Urteilen/Transfer

Zum Anforderungsbereich III (Problemlösen, Beurteilen, Werten)

- Ist meine Stellungnahme logisch begründet und argumentativ haltbar? Ist die Entwicklung meines Gedankenganges folgerichtig? Ist mein Urteil begründet?
- Sind meine Argumente durch Beispiele gestützt?
- Gelange ich in einem abschließenden Fazit ggf. zu einer übergreifenden Lösung der Frage/des Problems?

4. Allgemeine Leistungsanforderungen und Tipps

Grundsätzlich richten sich die Anforderungen bei allen Aufgabenarten auf eine **Verstehensleistung** und eine **Darstellungsleistung**. Die folgenden Ausführungen sollen Ihnen einige Anregungen bringen, sie werden jeweils in den Lösungsteilen noch einmal gerafft aufgeführt.

Verstehensleistung

- Erkennen und Herausarbeiten der Textstruktur (Handlungsaufbau, Raum- und Zeitgefüge, Erzähltechnik, Personenkonstellation im Drama und in narrativen Texten usw.)
- Erfassen der sprachlichen Mittel (syntaktische, semantische und epochenspezifische Elemente (z. B. Metaphorik im Gedicht))
- Herausarbeiten und Bewerten der Wirkung von Textelementen auf den Leser
- Besonderes Gewicht wird im Hinblick auf die Verstehensleistung gelegt auf:
  – sachliche Richtigkeit
  – Vielfalt der Aspekte unter Berücksichtigung der funktionalen Wichtigkeit
  – Folgerichtigkeit der Aussagen und sinnvolle Begründung der Befunde
  – Sicherheit im Umgang mit fachlichen Methoden und
  – Verwendung von Fachsprache
  – Grad der Selbstständigkeit bei der Bearbeitung der Aufgabe

Darstellungsleistung

- Klarer und zweckmäßiger Aufbau der Klausur, der sich an der Aufgabenstellung orientiert
- Klare Sprache
- Differenzierte Wortwahl, komplexer Satzbau, abwechslungsreiche sprachliche Gestaltung
- Sinnvolle Verknüpfung der Teilergebnisse
- Funktionsgerechtes Zitieren, Angemessenheit der Textbelege
- Beachtung standardsprachlicher Normen

Tipps

▷ Tipps zur Vorgehensweise:
- Lesen Sie die Aufgabenstellung gründlich, überlegen Sie zunächst, welche besondere Bedeutung diesem Text zukommt.
- Machen Sie sich zu jeder Teilaufgabe einige knappe Stichworte.
- Überlegen Sie, welche Informationen Sie hier einbeziehen müssen, um die Textstelle angemessen zu bearbeiten (z. B. Beachtung der Motivtechnik und damit der Verknüpfung von Szenen, der Wiederkehr von Personen oder der Vorbereitung eines Konflikts in späteren Szenen, der Strukturmerkmale usw.).
- Versuchen Sie eine knappe Gliederung für Ihre Arbeit, ergänzen Sie Ihre Stichworte nach erneuter Reflexion über die Aufgabenstellung.
- Überlegen Sie, wie Sie die Aufgabenstellung vorbereiten können, die eine Wertung oder Beurteilung verlangt (Stichworte formulieren).
- Überlegen Sie, wie Sie die Aufgabenstellung in eine logische Gliederung Ihrer Arbeit umsetzen können. (Zusätzlich hilft Ihnen die Gliederung auch, zu überlegen, ob Sie alle Anforderungen an die Analyse bedacht haben!)
- Entwickeln Sie eine logische Anordnung (Gliederung) Ihrer Teilergebnisse.

Zusammenstellung möglicher Arbeitsanweisungen und der entsprechenden fachspezifischen Anforderungen **

Vorbemerkung: Die folgenden Ausführungen sollten Sie als eine Konkretisierung von Anforderungen verstehen; **es wäre falsch, zu glauben, dass Ihre Abiturklausur alle Aspekte aufweisen müsste.**
Nehmen Sie diese Liste zunächst (auch) als Anregung für Ihre eigenen Vorbereitungen.

Anforderungsbereich I – Wissen/Reproduktion	Anforderungsbereich II – Anwendung/Reorganisation	Anforderungsbereich III – Urteilen/Werten/Transfer
Dieser Bereich umfasst das Wissen und Kennen – konkreter Sachverhalte, – Methoden und Arbeitstechniken, – Theorien und Strukturen, die für die Lösung Ihrer Aufgabe notwendig sind.	Hier geht es um die eigenständige Gestaltung des Arbeitsprozesses – der Analyse, – der Interpretation, – der Erörterung, – des Vergleichs; Gelerntes muss auf einen neuen Sachverhalt übertragen werden. Die Teilergebnisse müssen formal, sprachlich und inhaltlich miteinander verbunden werden	Im Zentrum dieses Bereichs steht die Fähigkeit zur selbstständigen Urteilsbildung, die sich beispielsweise in der Reflexion der gewählten Methoden, der Lösungswege, der Fragestellung usw. zeigt und damit neue Zusammenhänge, Problemstellungen usw. eröffnet
Mögliche Arbeitsanweisungen (= *Operatoren*)	**Mögliche Arbeitsanweisungen (= *Operatoren*)**	**Mögliche Arbeitsanweisungen (= *Operatoren*)**
– Beschreiben Sie … – Benennen Sie … – Erfassen Sie … – Stellen Sie dar … – Stellen Sie gegenüber … – Stellen Sie zusammen … – Bestimmen Sie … – Erarbeiten Sie … – Geben Sie wieder …	– Analysieren Sie … – Untersuchen Sie … – Arbeiten Sie heraus … – Zeigen Sie … – Vergleichen Sie mit … – Ordnen Sie in den Zusammenhang ein … – Erläutern Sie … – Erklären Sie …	– Interpretieren Sie … – Beurteilen Sie … – Überprüfen Sie … – Diskutieren Sie … – Prüfen Sie … – Entwickeln Sie … – Bewerten Sie … – Nehmen Sie kritisch Stellung zu … – Erörtern Sie … – Begründen Sie … – Setzen Sie sich auseinander … – Gehen Sie der Frage nach …

Anforderungsbereich I – Wissen/Reproduktion	Anforderungsbereich II – Anwendung/Reorganisation	Anforderungsbereich III – Urteilen/Werten/Transfer
fachspezifische Beschreibung der Anforderungsbereiche entsprechend der Aufgabenstellung	fachspezifische Beschreibung der Anforderungsbereiche entsprechend der Aufgabenstellung	fachspezifische Beschreibung der Anforderungsbereiche entsprechend der Aufgabenstellung
Wiedergabe von gelernten Sachverhalten – aufgabenbezogen!	selbstständige Übertragung von Gelerntem auf einen unbekannten Text oder eine neue Fragestellung	Verarbeitung komplexer Informationen, Entwicklung einer selbstständigen Lösung, Deutung, Folgerung, Begründung oder Wertung
Verwendung gelernter und eingeübter Arbeitstechniken	selbstständiges Auswählen, Anordnen, Verarbeiten und Darstellen bekannter Sachverhalte unter vorgegebenen neuen Gesichtspunkten	reflektierte Auswahl von Methoden oder Verfahren, um neue Problemstellungen oder erweiterte Zusammenhänge herauszustellen
eigenständige Inhaltswiedergabe eines Textes, Erfassen der zentralen Aussagen des Textes	Wiedergabe eines komplexen Textes oder eines umfassenden, fachspezifischen Sachverhalts	Beurteilung der Wirkungsmöglichkeit eines Textes
Textart, Aufbau und Strukturmerkmale eines Textes erfassen und mit fachsprachlichen Begriffen beschreiben	Erfassen der Struktur eines Textes und Analyse der Funktion dieser Struktur	Herstellen von Beziehungen zu anderen Texten, Positionen, Problemstellungen
Verwendung fachspezifischer Kenntnisse (z. B. Beschreibung expositorischer Merkmale einer Szene)	Erschließen der Bedeutung des Textes durch die Analyse von Einzelelementen	Einordnung in problembezogene oder theoretische Zusammenhänge, selbstständiger Vergleich zu anderen Theorien
	Erfassen der Argumentation	Erkennen und Werten von Argumentationsstrategien

Anforderungsbereich I – Wissen/Reproduktion	Anforderungsbereich II – Anwendung/Reorganisation	Anforderungsbereich III – Urteilen/Werten/Transfer
	begründete Folgerung aus der Analyse bzw. Erörterung ziehen	die Ergebnisse einer Analyse bzw. Erörterung zu einer selbstständigen Synthese zusammenfassen und begründen
	Beschreibung sprachlicher Mittel und Untersuchung auf ihre Wirkung hin	differenzierte Analyse sprachlicher Mittel unter der Perspektive der Wertung
	Anwendung von erlernten Methoden auf einen neuen Gegenstand	Wertung ästhetischer Qualität
	Erkennen und Beschreiben von Kommunikationsstrukturen und deren Funktionen	
	differenzierte Anwendung fachspezifischer Verfahren im Umgang mit literarischen und pragmatischen Texten	Erörtern von fachspezifischen Sachverhalten, Entwickeln eines eigenen Urteils und Begründung des Urteils
		kritische Beurteilung des eigenen Vorgehens
zweckmäßige, an der Aufgabenstellung und dem Text orientierte Anordnung von Teilergebnissen	funktionsgerechte Gliederung der Arbeit	stringente, schlüssige und gedanklich klare Struktur des eigenen Textes
sprachnormgerechte und fachgerechte, situationsangemessene Formulierungen	Wahl einer angemessenen Kommunikationsform, differenzierte, präzise Darstellung, Verwendung von Fachsprache	beschreibende, deutende und wertende Aussagen werden begründet aufeinander bezogen,
Absichern von Ergebnissen durch funktionsgerechtes Zitieren	Darstellung ist syntaktisch sicher, variabel	der Satzbau weist hohe Komplexität auf

** Die fachspezifische Aufschlüsselung der Anforderungsbereiche ist die Grundlage für die Verteilung von Punkten:
So können Sie im Idealfall im Bereich I 14 Punkte, im Bereich II 42 Punkte, im Bereich III 28 Punkte erreichen, hinzu kommen maximal 32 Punkte für die Darstellungsleistung.
Um die Note „ausreichend" zu erreichen, müssen auch Leistungen aus dem Anforderungsbereich II oder III vorgelegt werden. Befriedigende oder bessere Leistungen setzen Ergebnisse mit Schwerpunkt in den Bereichen II und III voraus.
(Sie können sich selbst ein Bild von den Anforderungen II und III machen, wenn Sie die Internetadresse www.learn-line.de aufrufen.)

Großer Wert wird darüber hinaus auf die **sprachnormgerechte Darstellung** gelegt, das heißt für Ihre Klausur: Sie kann bei erheblichen Verstößen gegen Rechtschreibung, Zeichensetzung und Sprachrichtigkeit bis zu einer Note abgewertet werden.

Vergegenwärtigen Sie sich also noch einmal, dass dem sprachlichen Aspekt Ihrer Klausur ein sehr großer Wert zukommt , d. h. Sie müssen sich schon in den Klausuren, die vor dem Abitur geschrieben werden, bemühen um:

- Sprachrichtigkeit
- differenzierte sprachliche Darstellung
- sinnvolle sprachliche Verknüpfung von Gedanken (= Text als verknüpfende Darstellung von Gedanken durch differenzierte Nebensatzkonstruktionen)
- Verwendung von Fachsprache
- angemessenen Umgang mit Zitaten und
- Verwendung der zutreffenden Form des Konjunktivs, wenn fremde Gedanken wiedergegeben werden
- Verzicht auf eine Wortwahl aus dem Bereich der mündlichen Umgangssprache („gucken", „stressen", „auf die Nerven gehen", „verknallt sein", „was drauf haben" usw.)

Wir werden in den vorbereitenden Klausuren versuchen, Ihnen Hilfen und Anregungen zu diesem Leistungsbereich zu geben.

2. Teil

Checklisten mit Übungen und Lösungen

Vorbemerkung

Im folgenden Teil finden Sie konkrete **Hilfen für die Be- und Erarbeitung von Texten**. Im Zentrum stehen dabei **Aufgaben und Fragen**, die Ihnen **als Raster für die Analyse** dienen können. Da solche Aufgaben- und Fragekataloge für sich genommen abstrakt bleiben, haben wir für Sie **Textbeispiele** nebst **Lösungsteilen** bereit gestellt. Das Besondere: Die Textbeispiele bilden eine geeignete **Basis für die Vorbereitung auf das Zentralabitur** im Grundkurs des Faches Deutsch, weil sie

- in ihrer Gesamtheit die **Ziele, Problemstellungen, Inhalte und Methoden der vier Halbjahre der Qualifikationsphase (Jahrgangsstufen 12/13)** erfassen,
- in ihrer Aufgabenstellung **auf mindestens auf zwei verschiedene Halbjahre der Qualifikationsphase bezogen** sind,
- **die wesentlichen Textarten** einbeziehen: literarische (= fiktionale) und expositorische (= non-fiktionale Texte), dramatische, lyrische und epische Literatur sowie – im Bereich der Sachtexte – literatur- und sprachtheoretische Beiträge,
- von den **Vorgaben für das Zentralabitur** ausgehen, indem sie sich auf das Drama „Emilia Galotti", auf den Umgang mit erzählenden Texten („Irrungen, Wirrungen", „Der Vorleser"), auf Gedichte der Nachkriegszeit (1945–60) und in der Reflexion über Sprache auf die Analyse von Redemitteln konzentrieren,
- **alle Aufgabenarten** umfassen: die Analyse von Sachtexten (I), die Analyse von literarischen Texten (II) und die argumentative Entfaltung eines fachspezifischen Sachverhalts im Anschluss an eine Textvorlage (III)
- **sämtliche Anforderungsbereiche (Wissen, Anwenden, Werten/Problemlösen)** berücksichtigen

Natürlich können die folgenden Checklisten nicht alle Vorgaben für das Zentralabitur abdecken, in Kombination mit Teil 3 (Musterklausuren) ist dies aber letztlich gewährleistet. Checkliste und Musterklausuren gemeinsam bieten Ihnen so eine geeignete Basis, um sich auf das Abitur vorzubereiten.

Analyse von Dramenszenen in Verbindung mit Dramentheorie

1. Vorüberlegungen

Sie sollten sich bei der Bearbeitung dieser Übungsklausur klar machen, dass voraussichtlich das zur Obligatorik zählende Drama „Emilia Galotti" von Lessing nur kontrastiv zu einer anderen Dramenform in der Abiturklausur herangezogen wird; möglicherweise wird auf ein anderes „bürgerliches Trauerspiel" zurückgegriffen.
So könnte beispielsweise die grundlegende Idee des „bürgerlichen Trauerspiels" im Vergleich zu einem anderen Dramenkonzept (z. B. aristotelisches/episches Theater) thematisiert werden, oder es könnte auch eine Szene (etwa die Exposition) eines anderen „bürgerlichen Trauerspiels" (beispielsweise aus Schillers Drama „Kabale und Liebe") einbezogen werden.
Sie sollten sich daher vor Ihrer Abiturprüfung noch einmal intensiv mit den grundlegenden Ideen von Lessings Dramentheorie und seiner Mitleidstheorie sowie mit den Besonderheiten des „bürgerlichen Trauerspiels" auseinander setzen – im Gegensatz zur Idee der Tragödie, die Aristoteles vertritt.

2. Checkliste

Vorbereitendes Lesen

Lesen Sie zunächst die Dramenszene auf ihren Inhalt hin durch.

Bevor Sie die Szene ein zweites Mal lesen, versuchen Sie sich in sie als Bühnengeschehen hineinzuversetzen. Die **Nebentexte** (Bühnenbildanweisungen, Hinweise zum gestischen Verhalten, Hinweise zum Stand der Personen) helfen Ihnen hierbei.

Viele Dramen des Realismus und des Naturalismus geben sehr detaillierte Angaben für das Bühnenbild und die Requisiten, sie wollen damit verdeutlichen, dass das Milieu erheblichen Einfluss auf das Wesen und die Handlungsweise der Personen hat.

Wenn Sie die Szene nun zum zweiten Mal lesen, achten Sie einerseits auf die äußere Bühnenhandlung, also auf das, was auf der Bühne geschieht, auf der anderen Seite auf das Gespräch und die Gesprächsführung (und damit auf das, was sich im Innern der Personen abspielt).

Zwischen dem Beginn und dem Ende der Szene hat sich im Hinblick auf den Zuschauer, die handelnden Personen, die Gesamthandlung, den Konflikt etwas verändert. Versuchen Sie den Weg dieser Veränderung zu erfassen, einzelne Schritte zu verdeutlichen und zu deuten.

Eine Dramenszene wird zudem in besonderer Weise durch das Gespräch (Monolog, Dialog) geprägt, so dass ein zentraler Gesichtspunkt der Untersuchung die Dialogstruktur der Szene ist.

Vorverständnis für eine Dramenszene:
- Worüber informieren mich die Nebentexte?
- Welche Handlung läuft auf der Bühne ab?
- Wie habe ich mir die handelnden Personen vorzustellen?
- Welche Gesprächssituation finde ich vor?
- Wie steht das sprachliche Handeln zum nichtsprachlichen Handeln (hierüber geben die Regieanweisungen Auskunft)?

Sollte Ihnen das Drama bekannt sein, so rufen Sie sich zudem den Zusammenhang in Erinnerung, in dem die Szene steht.

Notizen zu Gliederungsaspekten

Notieren Sie Ihre Beobachtungen. Formulieren Sie einzelne Sätze zu den folgenden Gliederungsaspekten und benutzen Sie die folgende Checkliste als Baukasten, nicht immer lassen sich alle Aspekte tatsächlich bearbeiten.

A) Einleitung:
Thematik und funktionale Einordnung der Szene, soweit dies möglich ist. (Was geschah zuvor?)
Die Einleitung sollte sehr präzise auf den Text hin orientiert sein, der zu behandeln ist. Schreiben Sie hier keine umfangreichen Textwiedergaben, etwa um die Textstelle umfassend in den Kontext einzuordnen.
Im vorliegenden Fall wird auf den Kontext verzichtet, da das Drama nicht zur Pflichtlektüre gehört und somit unbekannt sein könnte.

B) Hauptteil:
1. **Ort, Zeit**   **Funktion von Raum und Zeit**

Ort und Zeit lassen sich unter mehreren Gesichtspunkten beurteilen:
- Handlungszeit und -raum = sie lassen sich einer fiktiven Wirklichkeit zuordnen
- Stimmungszeit und -raum = sie schaffen eine bestimmte Atmosphäre auf der Bühne
- Symbolzeit und -raum = Handlungsort und Handlungszeit gewinnen darüber hinaus symbolischen Charakter

2. **Analyse der Struktur und der Handlung einer Szene**   **Analyse der Handlungsstruktur**
(verknüpft mit einer knappen Wiedergabe des Inhalts der Szene)

Sie sollten zusammen mit einer Gliederung der Szene eine knappe Inhaltswiedergabe verbinden. Damit verhindern Sie Wiederholungen und Überschneidungen, die entstehen, wenn Sie Gliederung und Wiedergabe des Inhaltes trennen (vgl. S. 46 ff). Versuchen Sie im Hinblick auf die Gliederung übergeordnete Handlungsmomente zu erfassen und diese mit dramentechnischen Begriffen (etwa: Exposition, steigende Handlung, Höhepunkt, Katastrophe, Lösung usw.) zu benennen.
Die Wiedergabe des Inhaltes sollte schon interpretierende Akzente enthalten. Gehen Sie aus von den Fragen:
- Was passiert auf der Bühne?
- Was verändert sich durch die Handlung?

3. **Figurenkonstellation** (Welche Personen stehen auf der Bühne? Welche Personen müssen mitbedacht werden, weil sie von zentraler Bedeutung für die Szene sind?)   **Handelnde Personen und Figurenkonstellation**

Machen Sie sich klar, in welchem Verhältnis die Personen zueinander stehen (etwa auf die Handlung bezogen, symbolisch, soziologisch, emotional).

Gelegentlich müssen auch jene Personen einbezogen werden, die gerade nicht auf der Bühne anwesend sind, die aber für die Szene von besonderer Bedeutung sind.

Erläutern Sie, von welchen Einstellungen, Werten, Normen, Hintergedanken usw. die Personen ausgehen.

Welche Probleme und Konflikte könnten sich aus der Personenkonstellation, den Charaktereigenschaften der Personen, den Besonderheiten ihrer Vorstellungen ergeben?

(Sehr häufig ist die dritte hinzukommende Person diejenige, die die Beziehungen zur Katastrophe führt.)

Analyse eines Dialogs/Untersuchung von sprachlichen Mitteln

4. **Analyse eines Dialogs/Monologs und Untersuchung sprachlicher Mittel**

Zentrales Mittel des Dramas ist das Gespräch (selbst der Monolog kann noch als Auseinandersetzung mit sich selbst gesehen werden). Ihm gilt daher besondere Aufmerksamkeit:

- Mit ihrer Sprache charakterisieren sich die handelnden Personen,
- zugleich zeigen sie bewusst oder unbewusst ihre Beziehung zu den anderen Personen.
- Die Sprache verrät die Gefühle, häufig auch durch rhetorische Mittel.
- Durch sprachliches Handeln wirken die Personen aufeinander ein, verursachen Konflikte.

Sprachliche Mittel erkennen Sie schon beim ersten Durchlesen eines Textes, indem Sie aufmerksam darauf achten, wo Ihnen Abweichungen von einer „Normalsprache" auffallen (Wortwahl, Satzbau, Sprachebene usw.).

Beim zweiten Lesen sollten Sie differenziert auf Motive, Symbole und Bilder achten, gleichzeitig auch noch genauer die Wortwahl und Besonderheiten des Satzbaus berücksichtigen und mit Bleistift im Text markieren.

Abschließend sollten Sie die Funktion der Mittel reflektieren, denn eine buchhalterische Aufzählung von sprachlichen Mitteln erbringt nichts.

Berücksichtigen Sie grundsätzlich, dass Sprache im Drama eine Schlüsselstellung innehat (selbst da, wo geschwiegen wird, wird „kommuniziert").

Untersuchungsakzente:
- Beziehungsaspekt (Welche Beziehung haben die Personen zueinander? Wie drücken sie dies aus?)
- Worüber sprechen die Personen?
- Wie sprechen die Personen miteinander?
- Welche sprachlichen Mittel werden verwendet?
- Gibt es charakteristische Sprechakte?
- Welche Ziele verfolgen die Dialogpartner?
- Stimmt das Gesagte mit dem Gemeinten überein?

5. **Funktion einer Szene**
- Jede Szene hat innerhalb eines Dramas eine Bedeutung (selbst wenn die Szenen nicht – wie im klassischen Drama – aufeinander aufbauen).
- Die Szenen ermöglichen, die Beziehung der Personen, ihre Charaktereigenschaften sowie ihre Entwicklung zu erfassen.
- Schließlich haben die Szenen eine Funktion im Hinblick auf die Zuschauer (möglicherweise: Wissensvorsprung für den Zuschauer! Verrätselung einer Handlung und Spannungsaufbau).

Funktion einer Dramenszene

C) **Schluss und Interpretation einer Dramenszene**

- Welche zentralen Ideen, Fragen, Perspektiven auf die Wirklichkeit werden hier angesprochen?
  - gesellschaftliche Aspekte
  - private Beziehungen
  - Gerechtigkeit und Unrecht
  - der Mensch in seiner Lebenswelt
- Wie reagiert das literarische Werk auf diese grundlegenden Ideen oder Fragen?
- Lässt sich das Gelesene mit anderen literarischen Werken vergleichen, reagiert es auf andere Werke?
- In welchem Zusammenhang steht das Werk zur Epoche, zum Autor, zu geschichtlichen Ereignissen?
- Lässt sich die Position des Verfassers erkennen?

3. Beispielaufgabe

Aufgaben:
1. Analysieren Sie die Szene „Buden" aus Georg Büchners Drama „Woyzeck".
2. Gehen Sie anschließend, auf der Basis von Lessings Überlegungen zum Drama, der Frage nach, welche Entwicklung sich hier gegenüber Lessings Dramentheorie erkennen lässt.

Aufgabenart II A – Analyse mit weiterführendem Auftrag

Bezug – Lehrplan
Jahrgangsstufe 12.1 – 2. Unterrichtsvorhaben: Kritische Auseinandersetzung mit gesellschaftlichen Missständen und utopischen Gegenentwürfen
Jahrgangsstufe 12.2 – 2. Unterrichtsvorhaben: Sprachstrukturen und Sprachfunktion – sprach- und literaturtheoretische Sachtexte

Vorgaben Abitur Deutsch 2007:
Die Behandlung des Dramen-Fragments „Woyzeck" ergibt sich im Zusammenhang mit dem Halbjahresthema von 12.1 (kritische Auseinandersetzung mit gesellschaftlichen Missständen und utopischen Gegenentwürfen) und der Pflichtlektüre „Emilia Galotti" von Lessing.
Mit Lessings Drama „Emilia Galotti" sind in der Obligatorik das „bürgerliche Trauerspiel" und Lessings dramentheoretische Überlegungen zur Tragödie verbunden, daher werden bei diesem Aufgabenbeispiel Kenntnisse der Dramentheorie von Lessing vorausgesetzt.

Büchner [1] – Woyzeck [2]

Buden. Lichter. Volk [3]

ALTER MANN *(singt und Kind tanzt zum Leierkasten)*

Auf der Welt ist kein Bestand,
Wir müssen alle sterben,
das ist uns wohlbekannt.

WOYZECK: Hei, Hopsa's! – Armer Mann, alter Mann! Armes Kind, junges Kind! Sorgen und Feste!

MARIE: Mensch, sind noch die Narrn von Verstande, dann ist man selbst ein Narr. – Komische Welt! Schöne Welt!

(Beide gehn weiter zum Marktschreier.)

MARKTSCHREIER (vor einer Bude mit seiner Frau in Hosen und einem kostümierten Affen). Meine Herren, meine Herren! Sehn Sie die Kreatur, wie sie Gott gemacht: nix, gar nix. Sehn Sie jetzt die Kunst: geht aufrecht, hat Rock und Hosen, hat ein' Säbel! Der Aff ist Soldat; s' ist noch nit viel, unterste Stuf von menschliche Geschlecht. Ho! Mach Kompliment! So – bist Baron. Gib Kuß! – (*Er trompetet.*) Wicht ist musikalisch. – Meine Herren, hier ist zu sehen das astronomische Pferd und die kleine Kanaillevögele. Sind Favorit von alle gekrönte Häupter Europas, verkündigen den Leuten alles: wie alt, wieviel Kinder, was für Krankheit. Die Repräsentationen anfangen! Es wird sogleich sein Commencement von Commencement.

WOYZECK: Willst Du?

MARIE: Meinetwegen. Das muß schön Ding sein. Was der Mensch Quasten hat! Und die Frau Hosen!

(Beide gehn in die Bude)

TAMBOURMAJOR[4]: Halt, jetzt! Siehst du sie! Was ein Weibsbild!

UNTEROFFIZIER: Teufel! Zum Fortpflanzen von Kürassierregimentern![5]
TAMBOURMAJOR: Und zur Zucht von Tambourmajors!

UNTEROFFIZIER: Wie sie den Kopf trägt! Man meint, das schwarze Haar müßt' sie abwärts ziehn wie ein Gewicht. Und Augen –

TAMBOURMAJOR: Als ob man in ein' Ziehbrunnen oder zu einem Schornstein hinunter guckt. Fort, hintendrein! –

Das Innere der hellerleuchteten Bude

MARIE: Was Licht!
WOYZECK: Ja, Marie: schwarze Katzen mit feurige Augen. Hei, was ein Abend!

DER BUDENBESITZER *(ein Pferd vorführend)* Zeig dein Talent! Zeig deine viehische Vernünftigkeit! Beschäme die menschliche Sozietät! Meine Herren, dies Tier, was Sie da sehn, Schwanz am Leib, auf seine vier Hufe, ist Mitglied von alle gelehrte Sozietät, ist Professor an unsre Universität, wo die Studente bei ihm reiten und schlagen lernen. – Das war einfacher Verstand. Denk jetzt mit der doppelten Raison! Was machst du, wann du mit der doppelten Raison denkst? Ist unter der gelehrten Société da ein Esel? – *(Der Gaul schüttelt den Kopf.)* – Sehn Sie jetzt die doppelte Raison? Das ist Viehsionomik. Ja, das ist kein viehdummes Individuum, das ist ein Person, ein Mensch, ein tierischer Mensch – und doch ein Vieh, ein Bête [6]. – *(Das Pferd führt sich ungebührlich auf.)* – So, beschäme die Société. Sehn Sie, das Vieh ist noch Natur, unideale Natur! Lernen Sie bei ihm! Fragen Sie den Arzt, es ist sonst höchst schädlich! Das hat geheißen: Mensch, sei natürlich! Du bist geschaffen aus Staub, Sand, Dreck. Willst du mehr sein als Staub, Sand, Dreck? – Sehn Sie, was Vernunft: es kann rechnen und kann doch nit an den Fingern herzählen. Warum? Kann sich nur nit ausdrücken, nur nit explizieren – ist ein verwandelter Mensch. Sag den Herren, wieviel Uhr es ist! Wer von den Herren und Damen hat ein Uhr, ein Uhr?

UNTEROFFIZIER: Eine Uhr? – *(Zieht großartig und gemessen eine Uhr aus der Tasche).* Da, mein Herr!

MARIE: Das muß ich sehn. – *(Sie klettert auf den ersten Platz; Unteroffizier hilft ihr.)*

TAMBOURMAJOR: Das ist ein Weibsbild!

(530 Wörter)

aus: Georg Büchner, Woyzeck. Reclam Verlag, Ditzingen 1982, S. 10/11

[1] Büchner – (1813–1836) – bewegte sich in revolutionären Kreisen, verfasste die politische Flugschrift „Der Hessische Landbote", 1835 steckbrieflich gesucht, entzog sich durch Flucht der Verhaftung.

[2] Dramenfragment – Büchner konnte das Drama nicht mehr vollenden, daher ist die Szenenfolge nicht gesichert; allerdings hatte Büchner sehr wahrscheinlich eine lockere Szenenfolge vor Augen. Entstehungsdatum: 1836/37; 1879 erste Veröffentlichung, 1913 Uraufführung! Das Fragment liegt in mehreren Fassungen mit unterschiedlichen Szenenfolgen vor.

[3] Die Jahrmarkt-Szene hat zwar eine wichtige Funktion innerhalb des Dramas (Maries sexueller Kontakt zu dem Tambourmajor ist die Folge dieser Szene), jedoch kann sie innerhalb des losen Szenenverbunds an verschiedenen Stellen des Dramas eingebunden werden.

[4] Unteroffizier, steht rangmäßig über Woyzeck

[5] Truppenteil der schweren Reiterei

[6] Französisch = Vieh

4. Lösungsentwurf

Gliederung der Analyse

A) Einleitung
B) 1. Hauptteil – Büchners „Woyzeck"
    1. Inhaltsanalyse
        a) Ort
        b) Struktur und Handlung
        c) Figurenkonstellation (und ihre Funktion)
    2. Sprachliche Gestaltung
    3. Funktion der Szene
    4. Schluss und Interpretation des Dramas
  2. Hauptteil – Vergleich von Büchners Fragment mit Lessings Dramentheorie
    1. Lessings Mitleidtheorie als Grundlage des Trauerspiels
    2. Aufbau des klassischen Dramas
    3. Vergleich der beiden Dramentypen
C) Zusammenfassung und Interpretation

A) Einleitung

Einleitungssätze: Autor, Zeit, Epoche (hier wichtig Veröffentlichung und v. a. Uraufführung im Expressionismus) unter Verwendung der Informationen, die gegeben sind, Nennung des Themas dieser Szene: Mit der Jahrmarkt- und Budenszene wird die Weltsicht sowie das soziale Umfeld der Hauptpersonen veranschaulicht. Die Welt als Illusion und Schein, die Wirklichkeit wird übertüncht.

B) 1. Hauptteil – Büchners „Woyzeck"

1. Inhaltsanalyse

Handlungsraum: — **Ort**
- Jahrmarkt – oberflächliche Freude, Ort des Widerspruchs von Sein und Schein (in Verbindung mit dem Lied), Ort vergänglicher Freude und oberflächlichen Genusses, Illusion
- Zelt – abgeschlossene eigene Welt

Diese Szene ermöglicht eine Gliederung in 5 Teile (= damit erfüllt sie die Struktur eines „Klein-Dramas), man kann diese Szene aber auch in zwei zentrale Blöcke untergliedern, die durch Auftritte von Marie und Woyzeck umrahmt werden.

Struktur und Handlung

- *Ausgangssituation:*
  Gliederung (GL) – Lied als pessimistische *Exposition* der Szene,– Auftreten von Woyzeck und Marie
  Inhalt (I) – Das Lied, man kann es fast als Motto des gesamten Dramas sehen, betont die Vergänglichkeit der Welt. Zu diesem trostlosen Lied tanzt ein Kind, Woyzeck und Marie erfassen den Widerspruch, den diese Szene darstellt. (Sorgen und Feste, Komische Welt! Schöne Welt!)
- *Monolog des Marktschreiers*
  GL – Spannung auf die angekündigten Vorführungen wird aufgebaut.
  I – Der Marktschreier ironisiert den Fortschritt der Zivilisation: der Affe, die Kreatur, kann seine eigentliche Natur überwinden durch „Verkleidung". Zwar sei die Entwicklung noch gering (Der Aff' ist Soldat; … unterste Stuf von menschliche Geschlecht" – Bezug zu Woyzeck!), durch Übernahme von Höflichkeitsritualen („Mach Kompliment") könne der Affe jedoch als „Baron" durchgehen.
- *Fortsetzung der „Familienszene"*
  GL – Gefährdung der Beziehung
  I – Marie und Woyzeck lassen sich vom schönen Schein täuschen und anziehen, sie betreten die Bude. Der Tambourmajor erkennt Marie wieder (Bezug Szene „Die Stadt") und äußert sich zu ihrer Attraktivität. Zusammen mit einem Unteroffizier folgt er Marie, – auch er angezogen vom äußeren Schein.
- *Monolog des Budenbesitzers (= Klammer zum Markschreier)*
  GL – Fortsetzung des 1. Teiles – Markschreier
  I – Der Budenbesitzer setzt den Vergleich „Tier und Mensch" fort: Ein Pferd soll durch „Versuche" beweisen, dass es „doppelte Raison" besitzt, also kein „viehdummes Individuum" ist. Zum Schluss wird ein deutlicher Bezug zu Woyzeck hergestellt, das Tier ist „ein verwandelter Mensch" und „kann sich nur nit ausdrücken".
- *Gefährdung der Beziehung*
  GL – Höhepunkt der Szene, zugleich erster Hinweis auf eine mögliche Beziehung Maries mit dem Tambourmajor.

I – Marie kommt durch ihre Neugier in die Nähe des Tambourmajors. Nach der „Szene" Straße, in der sie den Tambourmajor überaus attraktiv fand, stellt diese Situation für Woyzeck die Gefährdung seiner Beziehung dar. Der *Beginn des Eifersuchtsdramas* kündigt sich durch Maries Verhalten und die Äußerung des Tambourmajors an: Marie lässt sich vom äußeren Schein beeindrucken, der Tambourmajor spricht unverhüllt sein Interesse an Marie aus.

Figurenkonstellation (und ihre Funktion)

- Alter und Jugend treten gemeinsam auf, das Lied signalisiert jedoch Trostlosigkeit für jedes Alter.
- Marie und Woyzeck vermitteln das Bild von gegenseitigem Verständnis und liebevoller Gemeinsamkeit.
- Zugleich erfassen sie intuitiv beim Zuschauen und Hören die Widersprüche ihrer sozialen Wirklichkeit: Alter, Jugend und Fröhlichkeit: „Hopsa's", „Feste", „schöne Welt" stehen im Gegensatz zu „Sorgen", Armut und den „Narren" in einer „komischen Welt".
- Marie freut sich auf den Besuch der Bude, ist angezogen von Äußerlichkeiten;
- auch Woyzeck vermag die Atmosphäre zu begeistern („Hei, was ein Abend").
- Der Budenbesitzer und der Marktschreier können von ihrer Weltsicht her als eine Figur gesehen werden, denn ihre Perspektiven auf die Welt ist gleich. Weltsicht und die gesellschaftliche Situation, die widergespiegelt wird:
  – Die Schöpfung Gottes ist zunächst „nix";
  – durch „Kunst", also Künstlichkeit, wird sie erhöht.
  – Kostümiert mit Rock, Hosen und Säbel wird sogar aus dem Affen ein Soldat.
  – Der Soldat aber ist – wie Woyzeck – nur die unterste Stufe des menschlichen Geschlechts.
  – Woyzeck ist also nicht mehr als ein kostümierter Affe.
  – Das Pferd hat einerseits „Raison", also Vernunft, ist aber auf der anderen Seite „unideale Natur", insofern als es sich nicht beherrscht („führt sich ungebührlich auf").

- Auch der Mensch ist, wenn er natürlich ist, nicht mehr als „Staub, Sand, Dreck".
- Tambourmajor und Unteroffizier folgen ihrem Sexualtrieb, angestachelt von Maries Äußeren:
  - Sie gefährden damit die Beziehung von Woyzeck und Marie;
  - ihr Handeln ist wie das kreatürliche Verhalten der Tiere, nicht von Vernunft gesteuert.
  - Marie ist stark beeindruckt von Äußerlichkeiten und vom Schein (des Tambourmajors).
  - Die Personenkonstellation führt damit zum Eifersuchtsdrama.

Sprache

2. Sprachliche Gestaltung

Das **Lied** fällt durch Hochsprache und vollständige Sätze sowie durch eine eindeutig verständliche Information auf:
- volksliedhafter Ton,
- das Lied könnte als Motiv für das gesamte Drama stehen.

Marie und Woyzeck unterhalten sich demgegenüber auf umgangssprachlicher Ebene. Ihre Kommunikation ist geprägt von elliptischen Sätzen, wobei zugleich auffällt, dass Marie auch längere Sätze spricht.
- Die Ellipsen sind häufig Ausrufe, die das Erstaunen widerspiegeln („Was Licht!"), daher viele Ausrufezeichen.
- Umgangssprachliche Verkürzungen verdeutlichen die soziale Schicht.
- Marie und Woyzeck zeigen große Vertrautheit, denn trotz der knappen elliptischen Sätze verstehen sie sich in ihrer Sprachwelt gut.
- Gelegentlich bricht aber durchaus ein komplexeres Weltverständnis auf (Marie – „Mensch, sind noch die Narren von Verstande, dann ist man selber Narr.").
- Wiederholungen („armer Mann" … „armes Kind") intensivieren die Information.
- Kontrastive Aussagen („Sorgen und Feste") verdeutlichen die Widersprüchlichkeit der Welt.

- Insgesamt sind die Gespräche wortkarg und eher assoziativ vom gerade Gesehenen geprägt.

Marktschreier spricht in Satzfragmenten (Ellipsen):
- wie bei Marie und Woyzeck Sprache einer wenig gebildeten Schicht,
- wahrscheinlich mit französischem Akzent (Commencement – Bildung suggerierend).

Budenbesitzer unterscheidet sich deutlich im Satzbau und in der Wortwahl:
- Die Sätze sind zwar sehr kurz, häufig Ausrufesätze, die die Aussagen unterstreichen,
- aber sie sind zumeist vollständig und eher hochdeutsch geprägt,
- mehrfach Wortspiele (Viehsionomik).

Der Budenbesitzer beweist mit seinem Sprachgebrauch, dass seine Weltsicht nicht spontan, sondern aus der Beobachtung heraus formuliert ist. Die Welt, die er vorführt, scheint grotesk, spiegelt aber eher die Wirklichkeit.

Tambourmajor und Unteroffizier stehen offensichtlich aufgrund ihrer höheren Sprachebene über Marie und Woyzeck, sie sind zu originellen Vergleichen in der Lage. Aber auch ihre Sätze sind kurz, atemlos (vor Gier).

Allgemein:
Die Sprache dient in dieser Szene kaum zur Kommunikation miteinander. Die Sätze sind kurz, hinzu kommen knappe Ausrufe und Fragen.
Vertiefende Gespräche miteinander finden nicht statt.

3. Funktion der Szene

Ohne Kenntnis des Dramas lassen sich nur einige Aspekte benennen, die grundsätzliche Gedanken beinhalten und schon im Hinblick auf die weitere Aufgabenstellung hin formuliert sind.
- Armut und Hoffnungslosigkeit herrschen vor – Jahrmarkt als Scheinwelt der Hoffnung
- Mensch als tierische Kreatur gesehen
- Aufstieg nur durch Kostümierung

- der Soldat (Woyzeck) ist die unterste Stufe der Gesellschaft
- der äußere Glanz (auch des Jahrmarktes) überdeckt kurzfristig die Misere der Welt
- mangelnde Fähigkeit zur Kommunikation, isolierte Gedankenwelt
- triebgesteuerte Verhaltensweisen (Tambourmajor)
- sozialer Aufstieg scheint unmöglich
- der Mensch ist nichts wert (Staub, Sand, Dreck),
- die Welt ist närrisch und verzerrt (Pferd als Gelehrter)
- der Optimismus der Aufklärung („Ausgang des Menschen aus der selbstverschuldeten Unmündigkeit") wird bestritten, der Mensch ist an seine „Natur" gebunden

4. Schluss und Interpretation des Dramas

offenes Drama und die Funktion der Motive

Das offene Drama wird durch Motive zusammengehalten, so dass die einzelnen Bilder deutlichen Bezug zueinander haben. Motive können dabei vielfältiger Art sein: Farben (z. B. rot), Wörter, Handlungen (Tanz) usw. Im Vergleich zum klassischen Drama besteht die Handlung auf der Bühne nicht aus aufeinander folgenden Teilen, sondern ist eher additiv, so dass sie in Gefahr steht, auseinander zu fallen. Durch Motive werden sozusagen verbindende Bögen geschlagen.
- Lieder als Deutung der Welt
- die viehische Vernunft (Pferd, Affe und Woyzeck)
- feurige Augen
- Triebhaftigkeit
- Schein und Wirklichkeit (Jahrmarkt)
- Soldat als unterste Stufe der sozialen Wirklichkeit

2. Hauptteil – Vergleich von Büchners Fragment mit Lessings Dramentheorie

1. Lessings Mitleidtheorie als Grundlage des Trauerspiels:
- Brief an Nicolai vom 16. Februar 1759
  - „Die Bestimmung der Tragödie ist diese: sie soll unsre Fähigkeit, Mitleid zu fühlen, erweitern."
  - „Wer uns also mitleidig macht, macht uns besser und tugendhafter."

- „Folglich müssen alle Personen, die man unglücklich werden lässt, gute Eigenschaften haben."
- Hamburgische Dramaturgie (14. Stück):
  „Das Unglück derjenigen, deren Umstände den unsrigen am nächsten kommen, muss natürlicherweise am tiefsten in unsere Seele dringen."

2. Aufbau des klassischen Dramas
- Der Aufbau des Dramas orientiert sich an den (organisch gewachsenen) Einheiten gemäß Aristoteles: Einheit der Zeit, des Ortes und der Handlung, jedoch keine starre Festlegung auf einen Rahmen bzw. einen Tag wie in der antiken klassischen Tragödie.
- Eine Szene folgt konsequent aus der vorhergehenden.

3. Vergleich der beiden Dramentypen

	Lessing	Büchner „Woyzeck"
Handlungsstruktur	konsequente Folge der Szenen, Szenen bedingen einander, logische Abfolge von Ereignissen	lose Folge von Szenen, sie sind nicht in einen festen Handlungsablauf eingebunden, spontane Handlungen
	Einteilung in Akte	lose Folge von Szenen
Thema	Grundgedanke, den der Dichter im Stoff entdeckt („Emilia Galotti" – Virginia Thema)	entwickelt aus der Beobachtung des Alltäglichen (hier: Proletariat, Militär)
Figurenkonzept	Figuren müssen dem Zuschauer eine Identifikationsmöglichkeit bieten	Figuren zeigen uns soziale Probleme, die wir in dieser Form nicht kennen
Figuren	individuelle Ausgestaltung, Verhaltensweisen aus der gesellschaftlichen Rolle entwickelt, Personen handeln bewusst,	z. T. typenhaft (keine Namen), situationsbedingtes, spontanes, sprunghaftes Verhalten, z. T. triebhaftes Handeln

Sprache	Dialoge als Austragung von Konflikten	Dialoge als spontane Äußerungen, Gespräche werden gegenüber anderen Äußerungen zurückgedrängt
Figurenrede	stilisierte Alltagssprache	Dialekt, Sprache ist deformiert wie die handelnden Personen
Bühnenraum	Raum hat kompositorische Merkmale ("Emilia Galotti" – Adel/Bürgertum)	Bühne charakterisiert die Personen (Jahrmarkt als billiges, illusionistisches Vergnügen)
Ziel der Tragödie	Mitleid	Erkenntnis gesellschaftlicher Fehlentwicklungen (möglicherweise Aufforderung zum politischen Handeln)

C) Zusammenfassung und Interpretation

Die Gegenüberstellung macht deutlich, dass sich die Auffassungen Lessings und die Umsetzung Büchners in Hinblick auf die Idee des „Tragischen" und der „Tragödie" in nahezu allen Merkmalen unterscheiden:

- Während Lessings „bürgerliches Trauerspiel" „Emilia Galotti" sowie seine dramentheoretischen Äußerungen noch deutlich den Bezug zum aristotelischen Drama zeigen,
- weicht Büchner von diesem in der Grundstruktur, dem Personal des Dramas, der Sprache, der Autonomie der handelnden Personen sowie dem Milieu vollständig ab,
- selbst wenn man zugesteht, dass Unsicherheiten im Hinblick auf den Bau des Dramas durch den Fragmentcharakter bestehen.

- Lessings Drama ist, entsprechend seinen theoretischen Äußerungen, konsequent durchkonstruiert,
- die Szenen folgen aufeinander,
- sind auseinander heraus entwickelt,
- sind nur in der von Lessing vorgegebenen Abfolge logisch. Die Intrigen wären ohne dieses Konzept nicht tragfähig.

- Lessings Personen handeln bewusst und sprechen als Individuen. Büchners Personen sind einerseits typenhaft (vgl. Bezeichnungen ihrer Tätigkeiten), andererseits bleiben sie hilflos, handeln eher spontan und getrieben.
- Lessings Personen sprechen eine gehobene Bühnensprache. Wenn die Verständigung versagt, so liegt dies daran, dass das naive Bürgertum dem intriganten Adel unterlegen ist, weniger am Versagen der Sprache.
- Büchners Personen verwenden Dialekt, Umgangssprache; ihre Sprache verrät ihre Herkunft und ihre Unfähigkeit, die Welt mit Sprache zu bewältigen.
- Lessings Drama zeigt im Hinblick auf die Hauptpersonen eine Verschiebung in Richtung Bürgertum; der Adel ist nicht mehr das Zentrum der Tragödie, die tragische Fallhöhe wird zugunsten der Identifikation der bürgerlichen Zuschauer mit der Handlung aufgegeben.
- Büchner dagegen hätte, wäre sein Theaterstück aufgeführt worden, das Publikum im Hinblick auf die handelnden Personen schockiert. (So ist es fast konsequent, wenn das Drama erst im „Expressionismus" aufgeführt wurde.)

Vergleichende Analyse von lyrischen Texten

1. Vorüberlegungen

Analyse und Interpretation

Im Folgenden geht es um die **Analyse und Interpretation** von Gedichten. Während man bei der Untersuchung von Sachtexten ausschließlich den Begriff der Analyse verwendet, werden beim Umgang mit literarischen Texten sehr oft die Begriffe Analyse und Interpretation synonym gebraucht. Dabei entsteht der Eindruck, als ob sie austauschbar und damit gleich seien. Tatsächlich jedoch meint der Begriff der Interpretation mehr als das, was die Analyse leistet, nämlich die Entwicklung von Schlussfolgerungen aus der Gesamtheit der erfassten Details. In einer **Analyse bzw. Untersuchung** gelangt man ausgehend von beobachtbaren Merkmalen des Sprachmaterials zu konkret überprüfbaren Resultaten. So wird man beispielsweise in Eichendorffs „Mondnacht" feststellen, dass die Natur keineswegs brüchig oder gar zerstörerisch, sondern völlig harmonisch erscheint.

Mondnacht
(J. v. Eichendorff)

Es war, als hätt' der Himmel
Die Erde still geküsst,
Dass sie im Blütenschimmer
Von ihm nur träumen müsst'.

Die Luft ging durch die Felder,
Die Ähren wogten sacht,
Es rauschten leis die Wälder,
So sternklar war die Nacht.

Und meine Seele spannte
Weit ihre Flügel aus,
Flog durch die stillen Lande,
Als flöge sie nach Haus.

aus: Werke in sechs Bänden, hrsg. von Hartwig Schultz. Bd. 1: Gedichte, Versepen. Deutscher Klassiker Verlag, Frankfurt, M. 1987, S. 322

In einer **Interpretation bzw. Deutung** hingegen wertet man zusätzlich die Analyse-Ergebnisse aus, indem man zu eher allgemeinen Aussagen bezüglich der Thematik, der Autorenintention oder der Weltsicht gelangt. Im Hinblick auf das Gedicht „Mondnacht" wäre dies etwa ein Hinweis auf den Einklang von Mensch und Natur als einem (utopischen) Wirklichkeitsentwurf der Literatur im Zeitalter der Romantik.

Um eine Metapher zu gebrauchen: Die in einer Interpretation entwickelten Aussagen sind keine fantastischen Luftschlösser ohne Fundament, sondern plausible Gedankengebäude, in denen ein Stein auf den anderen passt.

Was unter einer Interpretation zu verstehen ist, erfassen Sie endgültig, wenn Sie in den Checklisten und in den Lösungsteilen zu den Musterklausuren darauf achten, in welcher Weise am Ende eine abschließende Deutung den Texthorizont erschließt.

Textvergleich: Funktion und Formen

Abgesehen von den Schwierigkeiten, vor welche Sie bereits die Analyse und Interpretation eines einzelnen literarischen Textes stellen kann, scheint ein **Gedichtvergleich** das Problem mindestens zu verdoppeln, da nun ja gleich zwei Texte zu untersuchen sind.

Tatsächlich jedoch zeigt sich in der Praxis, dass die Gegenüberstellung von lyrischen, dramatischen oder epischen Texten das Problem nicht verschärft, sondern es in Wirklichkeit deutlich vermindert. Gedichte, Tragödien und Romane erscheinen dann nämlich nicht mehr als isolierte Gegenstände, sondern sie erhellen sich wechselseitig, indem sie gerade durch die Erkennbarkeit von Unterschieden und Gemeinsamkeiten ihre jeweiligen Besonderheiten an den Tag bringen. Wer wissen will, welche Merkmale beispielsweise ein Barock-Gedicht aufweist, der erfährt dies am ehesten durch dessen Kontrastierung mit einem Gedicht beispielsweise aus der Zeit der deutschen Klassik oder der Romantik.

Das **Vergleichen** gehört zu den wichtigsten **Operatoren** (vgl. S. 31 f) bei Aufgabenstellungen. Im Anforderungsbereich II (Anwendung bzw. Reorganisation und Transfer) steht es neben den Aufgaben ‚untersuchen', ‚erschließen', ‚einordnen', ‚erklären', ‚erläutern' und ‚in Beziehung setzen'. Unter der Internet-Adresse www.learn-line.nrw.de finden Sie Erläuterungen zu den einzelnen Operatoren. Zum Textvergleich heißt es hier:

> **Textvergleich**
> Texte, Textaussagen, Problemstellungen, Sachverhalte unter vorgegebenen oder selbst gewählten Aspekten auf der Grundlage von Kriterien gegenüberstellen, in Beziehung setzen und analysieren, um Gemeinsamkeiten, Unterschiede, Teil-Identitäten, Ähnlichkeiten, Abweichungen oder Gegensätze ermitteln zu können.

Tipp

Vergleiche sind nicht nur in der schulischen Arbeit, sondern auch in der wissenschaftlichen Forschung sehr beliebt, weil sie Hinweise auf **Analogien (Übereinstimmungen)** und **Differenzen (Unterschiede)** geben, die Aussagen über epochengeschichtliche, kulturelle, generations- oder geschlechtsspezifische Eigenarten ermöglichen.

Ein Textvergleich hat also eine erkenntnisstiftende Funktion. Das eigentliche Problem besteht dabei im **Vorgehen bei der Analyse** und somit in Verfahrensfragen. Wie lässt sich ein Gedichtvergleich schriftlich so durchführen, dass der eigene Erkenntnisgewinn an Andere vermittelt wird, ohne dass man die Aussagen wiederholt und den

Leser des eigenen Textes durch dauernde Rückverweise auf den Referenz-Text ermüdet. Wenn man etwa beim Gedichtvergleich erst ein strukturelles Element A (Strophenzahl etc.) in Text 1 und 2 untersucht, ehe man ein inhaltliches Element B (Motiv des Frühlings) unter die Lupe nimmt, so riskiert man durch die Anwendung dieser Ping-Pong-Technik die Wiederholung von Informationen und die Ermüdung des Lesers. Es liegt daher nahe, sich bei Gedichtvergleichen an folgende Arbeitsschritte zu halten:

Arbeitsschritte bei Gedichtvergleichen

1. **Lektüre und Formulierung einer Arbeitshypothese:** Legen Sie die beiden lyrischen Texte nebeneinander und versuchen Sie, die gemeinsame Thematik (Liebe, Tod und Verfall, Herrscherlob oder Gesellschaftskritik usw.) zu benennen und ggf. deren unterschiedliche Akzentuierung zu erkennen.

2. **Analyse und Interpretation Text 1:** Beginnen Sie mit der Analyse desjenigen Gedichtes, welches Ihnen am ehesten zugänglich erscheint; bei Gedichten aus zwei verschiedenen Epochen wird dies in der Regel der ältere der beiden Texte sein.

3. **Analyse und Interpretation Text 2 in Bezug auf Text 1:** Analysieren Sie dann das zweite Gedicht in der Form des Vergleichs, d. h. im Hinblick auf seine Gemeinsamkeiten und Unterschiede gegenüber dem ersten. Diese betreffen das Thema, den Inhalt, den Aufbau, die Sprache und die Form.

4. **Vergleichende Interpretation:** Schließen Sie den Vergleich mit einer abschließenden Interpretation ab. Aufbauend auf der vorausgegangenen Analyse, in welcher Sie von den beobachtbaren Merkmalen aus zu überprüfbaren Resultaten gelangt sind, werden Sie nun allgemeinen Aussagen etwa über die besondere Form der Auseinandersetzung mit Einsamkeit oder über die unterschiedliche Einbeziehung des religiösen Glaubens treffen können. Auf diese Weise entwickeln Sie einen Horizont, der den einzelnen Text übersteigt und einen existentiell, geschichtlich oder gesellschaftlich bedeutsamen Erkenntnishorizont bietet.

2. Checkliste

- Lesen Sie die Gedichte mehrfach sorgfältig durch.
- Ordnen Sie die Texte typologisch zu: Handelt es sich um Liebes-, Natur oder Gedankenlyrik? Oder handelt es sich um politische Lyrik?
- Entwickeln Sie eine Hypothese über das mögliche Thema.
- Ordnen Sie die Gedichte – falls möglich – auf der Grundlage des Erscheinungsjahres einem geschichtlichen und/oder epochenspezifischen Kontext zu.

1. Einstieg

- Notieren Sie am Rand stichwortartig inhaltliche Aussagen.
- Versuchen Sie einen Zusammenhang zwischen Titel und Text herzustellen.
- Fassen Sie den Inhalt zusammen.
- Markieren Sie durch Trennlinien Einschnitte oder Wendepunkte.
- Notieren Sie den Entwicklungs- und Bewegungsverlauf von Vers zu Vers und von Strophe zu Strophe unter besonderer Berücksichtigung von Steigerungen, Brüchen oder Konstanten.
- Beantworten Sie Fragen nach der kommunikativen Situation: Gibt es ein lyrisches Ich? Wird im Gedicht ein Adressat genannt?
- Geben Sie die Stimmung wieder, die das Gedicht vermittelt.

2. Erschließen des Inhalts

- Ermitteln Sie Bilder, Metaphern, Symbole und (Leit-)Motive. Achten Sie dabei darauf, dass Sie diese und andere Fachbegriffe der **Rhetorik** (Allegorie, Chiffre, Anapher, Chiasmus usw.) kennen und korrekt anwenden.
- Untersuchen Sie die Wortfelder des lyrischen Textes. Erkennen Sie darüber hinaus Oppositionen und Korrespondenzen?
- Ermitteln Sie das **Sprachregister** und die **Sprachebene**: Enthält der Text Dialektwörter oder Vulgärausdrücke? Handelt es sich um eine Sprache des Alltags oder um eine stark bildhafte, poetisierte Sprache? Wie hoch ist der Abstraktionsgrad des Textes?
- Beobachten Sie die **Syntax** im Hinblick auf auffällige Satzbildungsmuster in Formen des Asyndeton (Unverbundenheit), der Ellipse (Auslassung) oder des Parallelismus (identische Wortstellung).

3. Erschließen der sprachlich-stilistischen und formalen Besonderheiten

57

- Notieren Sie die Zahl der **Strophen** und **Verse**, um eventuelle Ansätze für ein schematisches Prinzip nachzuweisen.
- Untersuchen Sie das Gedicht im Hinblick auf Formen des **Reimes** und des **Rhythmus**. Stellen Sie mögliche Beziehungen zwischen Form und Inhalt her.
- **Satzzeichen** sind gerade in Gedichten ganz bewusst gesetzt: Prüfen Sie die mögliche Funktion der Interpunktion in dem Ihnen vorliegenden Text.

4. Interpretation

- Tragen Sie die Ergebnisse Ihrer Analyse aus der Bearbeitung der Punkte 1 – 3 zusammen, indem Sie
  - das **Thema** des Gedichtes formulieren (Vergänglichkeit, Einsamkeit, Glück der Liebe, Lob des Herrschers, Kritik an Machtmissbrauch usw.)
  - die **formale, sprachliche und inhaltliche Gestaltung** des Themas festhalten,
  - auf eine lineare Deutung am Text entlang verzichten, bei der Sie von Vers zu Vers und von Strophe zu Strophe vorgehen und sich dem Text ausliefern würden,
  - stattdessen einen **strukturalen Deutungsansatz** wählen, bei dem Sie sich über die Ermittlung von **Oppositionen** (Gegensatz von Tag – Nacht, von Jugend und Alter usw.) und von **Korrespondenzen** (Übereinstimmung von Freude und Bildern des Lichts, von Angst und kurzen, unvollständigen Sätzen usw.) vom Text lösen und souveräner mit ihm umgehen könnten.
  - Annahmen im Hinblick auf die **geschichtliche und/oder die überzeitliche Bedeutung des Gedichtes** formulieren und – dies ist besonders wichtig – diese Annahmen zugleich begründen und belegen.

3. Beispielaufgabe

Aufgabe:
Analysieren Sie die folgenden Gedichte vergleichend.

Aufgabenart II C – Vergleichende Analyse von literarischen Texten

Bezug – Lehrplan:
Jahrgangsstufe 12.1 – 1. Unterrichtsvorhaben: literarische Formen der Selbstdarstellung und der Selbstverwirklichung des Individuums – **Umgang mit Texten: Epochen, Gattungen:** Epochenumbruch 18./19. Jahrhundert – Gedicht
Jahrgangsstufe 13.1 – 2. Unterrichtsvorhaben: Kunstkritik, Kulturkritik, Sprachskepsis, Medienkritik – **Umgang mit Texten: Epochen, Gattungen:** Lyrik

Vorgaben Abitur Deutsch 2007:
Gegenwartsliteratur: Lyrik der Nachkriegszeit 1945–1960

Tipp

Arbeiten Sie mit einer Mitschülerin/einem Mitschüler in der Weise, dass Sie zunächst getrennt voneinander und dann gemeinsam Eichendorffs und Brechts Gedicht miteinander vergleichen.
Fertigen Sie Unterstreichungen, (farbige) Markierungen und Notierungen an, die auf dem Textblatt Differenzen und Analogien erkennen lassen.
Sie werden beim Blick auf Ihre Übersicht und im Gespräch feststellen, dass die Gegenüberstellung von Texten die Erschließung von Besonderheiten deutlich erleichtert und Ihre Arbeitsergebnisse nicht einer rein subjektiven Spekulation entstammen, sondern im Ideen-Austausch einen objektiven Charakter annehmen.
Interpretationen sind nicht beliebig, begründen und belegen Sie daher Ihre Aussagen.

Text 1

Joseph von Eichendorff (1788-1857)

„Frische Fahrt" (1815)

Laue Luft kommt blau geflossen,
Frühling, Frühling soll es sein!
Waldwärts Hörnerklang geschossen,
Mutger Augen lichter Schein;
Und das Wirren bunt und bunter
Wird ein magisch wilder Fluß,
In die schöne Welt hinunter
Lockt dich dieses Stromes Gruß.

Weit von euch treibt mich der Wind,
Auf dem Strome will ich fahren,
Von dem Glanze selig blind!
Tausend Stimmen lockend schlagen,
Hoch Aurora[1)] flammend weht,
Fahre zu! Ich mag nicht fragen,
Wo die Fahrt zu Ende geht!

aus: Karl Otto Conrady (Hg.),
Das große deutsche Gedichtbuch.
Von 1500 bis zur Gegenwart.
Artemis und WInkler;
München, Zürich,
4. Aufl. 1995, S. 257

[1)] Aurora: (Göttin der) Morgenröte

Text 2

Bertolt Brecht (1898-1956)

„Radwechsel" (1953)

Ich sitze am Straßenrand
Der Fahrer wechselt das Rad.
Ich bin nicht gern, wo ich herkomme.
Ich bin nicht gern, wo ich hinfahre.
Warum sehe ich den Radwechsel
Mit Ungeduld?

aus: Die Gedichte von Bertolt Brecht.
Suhrkamp Verlag, Frankfurt a. M. 2004,
S. 1009

4. Lösungsentwurf

Analyse und Interpretation Text 1

Form und Versmaß
- einfache Form des Liedes, 2 Strophen mit je 8 Versen, Kreuzreim
- gleichmäßiger Rhythmus: metrische Form des vierhebigen Trochäus (regelmäßiger Wechsel von betonter und unbetonter Silbe)
- gleichmäßiger Wechsel von weiblich-unbetonten und männlich-betonten Versenden
- Satzende und Versende stimmen meistens überein, neben dem Zeilenstil liegt am Ende aber auch ein Zeilensprung (Enjambement) vor: „Fahre zu! Ich mag nicht fragen,/Wo die Fahrt zu Ende geht!"

Inhalt
- Reise- bzw. Wanderlied mit dem typisch romantischen Motiv des Aufbruchs in die ferne Fremde

1. Strophe

- Szenerie der Frühlingsnatur in der **1. Strophe**: Bilder des Lichts („lichter Schein"), der Farbigkeit („bunt und bunter"), der Wärme („laue Luft"), des Wassers („wilder Fluß") und der Jagd im Wald („Waldwärts Hörnerklang geschossen") verdichten sich zum Gesamteindruck einer „schöne[n] Welt"

- Die ausdrückliche Beschwörung des jahreszeitlichen Aufbruchs („Frühling, Frühling soll es sein!") verkehrt sich jedoch unterschwellig in die Darstellung einer bedrohlichen Welt, in der Gewalt („geschossen"), Chaos („das Wirren bunt und bunter"), Abgründigkeit („in die schöne Welt hinunter") und Unbeherrschtheit („wilder Fluß") den eigentümlichen Zauber („magisch") der Verführung verbreiten („Lockt dich dieses Stromes Gruß.").

2. Strophe

- Vertiefung des Motivs der Verführung in der **2. Strophe**: Der ursprüngliche Wille zum Aufbruch verkehrt sich hier in einen negativen Gefühlszwang des wiederholten Unwillens („ich mag mich nicht bewahren", „Ich mag nicht fragen"). Verstandesentscheidungen („Auf dem Strome will ich fahren") enthüllen sich als Leerformeln: Das lyrische Ich bezeichnet sich als „von dem Glanze selig blind" und bekennt sich zum vorsätzlichen Verlust der Selbstkontrolle („ich mag mich nicht bewahren!") und des Getriebenseins („Weit von euch treibt mich der Wind") sowie zur Ziellosigkeit seiner Reise: „Fahre zu! Ich mag nicht fragen/Wo die Fahrt zu Ende geht!".

- Die ursprünglich „laue Luft" steigert sich zum „Wind", der „lichte Schein" zum Feuer der Morgenröte („Hoch Aurora flammend weht"), die Lockungen der Welt gelten zunächst allgemein, um sich sodann in der 2. Strophe auf das lyrische Ich zu konzentrieren.

Sprache und Stil

Metaphern

- Eichendorffs „Frische Fahrt" lässt sich rasch als Metapher des Lebens identifizieren: Frühling, Aufbruch und Fahrt symbolisieren die Jugend und den Beginn der Lebensreise mit ihren Verlockungen durch die schöne wilde Natur jenseits der gesellschaftlichen Begrenzungen. Das Bild der Jagd und der Augen rufen die Erwartung von Liebe hervor, während der Fluss den „Strom" des Lebens hin zum „Ende" des Todes versinnbildlicht.
- Der lyrische Text „Frische Fahrt" weist eine enorme Textdynamik und ein expressives Sprachtempo auf, das durch Alliterationen und Synästhesien („laue Luft kommt blau geflossen") verstärkt wird.

Synästhesie: Zusammenführen verschiedener Sinneseindrücke

- Die zahlreichen Ausrufezeichen im Text verstärken den Eindruck einer lautstarken Willensbekundung des lyrischen Ich.

Analyse und Interpretation Text 2

Gemeinsamkeiten mit Text 1

- Zeilenstil vorherrschend, am Ende ein Zeilensprung
- existenzielle Thematik: (Auto)Fahrt als Metapher menschlicher Existenz
- Motiv der Sehnsucht nach Möglichkeiten der Veränderung

Unterschiede zu Text 1:

- Eine einzelne Strophe mit 6 Versen und unklarer Metrik, kein Reimschema

- Vier Aussagesätze gehen einer abschließenden Frage voraus: „Warum sehe ich den Radwechsel/ Mit Ungeduld?"
- nüchterne Feststellungen einer äußeren und inneren Blockade (Autopanne, existenzielle Unzufriedenheit) statt euphorischer Beschwörung der Frühlingsnatur und des Aufbruchs in die Ferne
- ausschließliche Perspektive des lyrischen Ich im Zustand des Ungenügens („Ungeduld")
- Determinierung des lyrischen Ich durch einen nicht näher definierten Ausgangs- und Zielpunkt, Feststellung einer beschränkten Lebenssituation und eines Zustands der inneren Entfremdung

Vergleichende Interpretation

Beide Gedichte stellen eine problematische Lebenssituation dar, die in beiden Fällen bewusst als solche erfahren, jedoch unterschiedlich beantwortet wird. Brechts „Radwechsel" zeigt ein Subjekt, das eine Zwischenbilanz zieht, während Eichendorffs „Frische Fahrt" einen Menschen vergegenwärtigt, der jenseits aller Bindungen und Verantwortlichkeiten ausschließlich die individuelle Verwirklichung seines Glücks im Selbstgenuss erstrebt. Der erlebnislyrische Ansatz romantischer Dichtung steht im Hinblick auf Brechts Gedankenlyrik einem Wirklichkeitsverständnis gegenüber, das die Welt nicht mehr als Basis für die vermeintlich grenzenlosen Möglichkeiten des Lebens, sondern als begrenzten Handlungsspielraum wahrnimmt. Die Situation des modernen Subjekts ist – gegenüber derjenigen des romantischen Draufgängers – insofern als tragisch zu bezeichnen, weil es sich nicht mehr bedingungslos den Risiken des Lebens auszusetzen vermag, sondern sich in der Position zwischen zwei als negativ empfundenen Situationen gefangen fühlt. Die Straße als künstlich geschaffener Ort der Fortbewegung zeigt in Brechts „Radwechsel" ein Individuum in einer krisenhaften Wahrnehmung der äußeren und inneren Blockade, während Eichendorff – wenn auch mit einem warnenden Grundton – im Bild des unbegradigten Flusses noch Metaphern der offenen und im Ergebnis zerstörerischen Lebensführung entwirft.

Es wird hier darauf verzichtet, Brechts Gedicht – wie dies häufig geschieht – vor dem biographischen Hintergrund seines Lebens im Exil während und nach der nationalsozialistischen Diktatur in Deutschland oder als Reaktion auf den von den Kommunisten niedergeschlagenen Volksaufstand im Juni 1953 in der DDR zu deuten.

Analyse von epischen Texten in Verbindung mit einem Sachtext

1. Vorüberlegungen

Jede Geschichte sagt – in mehr oder weniger direkter Weise – etwas über Menschen, ihr Leben und das Leben an sich aus. Das, was erzählt wird, ist zunächst einmal fremd und unvertraut, bietet bei genauem Hinschauen aber Antworten auf die Frage nach seinem Sinn. Der Versuch, Literatur zu verstehen, ist daher eine gute Trainingsbasis, um sich grundsätzlich im Verstehen von Phänomenen zu üben, die einem im Leben begegnen können.

literarische Texte interpretieren – wozu?

Literarische Texte sind also wie unbekannte Menschen, denen man im Café unvermittelt gegenüber sitzt: Man weiß nichts von ihnen oder über sie. Erst nach einer Zeit des Beobachtens gelangt man zu Feststellungen, die Rückschlüsse auf die Besonderheiten der Person zulassen. Dabei geht man natürlich erst einmal vom äußeren Erscheinungsbild aus, indem man zum Beispiel das Aussehen oder die Kleidung wahrnimmt. Auffällige Verhaltensweisen geben weitere Informationen über typische Merkmale, doch lassen sich wirklich verbindliche Aussagen über den Charakter erst machen, wenn man mit dem Anderen oder auch mit weiteren Kontaktpersonen ins Gespräch kommt und konkrete Hinweise erhält, die es erlauben, ein tieferes Verständnis für Motive, Einstellungen und Haltungen zu entwickeln.

Verstehen ist demnach ein Prozess, der von außen nach innen führt, von der Oberfläche zum Kern der Dinge und schließlich von der Analyse zur Interpretation. Die Deutung von Literatur liefert dabei keine allgemeinen Erklärungsmuster für menschliches Verhalten, sondern einen Erkenntnishorizont, der ein Verständnis für individuelle Handlungsmotive ermöglicht. So wie mit jedem einzelnen Menschen fordert also auch jeder einzelne literarische Text zu einem neuen Zugang auf, der die Besonderheiten des Gegenstandes erfasst. Für die Deutung stehen allerdings wissenschaftlich erprobte Hilfsmittel zur Verfügung, die sich auf die Bereiche Thema, Inhalt, Form und Sprache erstrecken. Die folgende Checkliste mit ihren gezielten Leitfragen gibt Ihnen ein entsprechendes Raster an die Hand.

2. Checklisten

Checkliste 1: Fragen zur Analyse erzählender Literatur

Frage nach dem Thema

- Wovon handelt der Erzähltext?
  Der **Einleitungssatz** zu Ihrer Analyse nennt
  - den Autor
  - die Textsorte (Erzählung, Roman, Kurzgeschichte, Novelle usw.)
  - den Titel
  - das Erscheinungsjahr
  - das Thema (z. B. Zerfall der Liebe, Suche nach Glück, Schönheit der Natur, Entfremdung von der Familie usw.)

Frage nach dem Inhalt

- Was wird erzählt?
  Inhaltsangaben
  - enthalten lediglich eine kurze Zusammenfassung der Handlung.
  - sind grundsätzlich in der Zeitform der Gegenwart verfasst.
  - geben den Text in eigenen Worten, aber ohne Wertung wieder (keine Zitate, keine wörtliche Rede, keine Kommentare).

Frage nach den Inhaltsstrukturen

Handlung

- Welche Informationen erhalten die Leser innerhalb der Geschichte über die **Handlung**?
  - Gibt es eine Rahmenhandlung? Welche Haupt- und Nebenhandlungen lassen sich erkennen?
  - Werden eher äußere Geschehnisse oder eher innere Vorgänge beschrieben?
  - Enthält der Text viele Beschreibungen (von Personen, Gegenständen, Landschaften) oder nennt er eine Fülle von Ereignissen?
  - Wo ist ein Spannungsaufbau oder -abfall zu verzeichnen?
  - Wird eine abgeschlossene Geschichte erzählt? Oder sind Anfang und/oder Ende offen?

Personen

- Welche Informationen erhalten die Leser innerhalb der Geschichte über die **Personen**?
  - Wer sind die Hauptpersonen/die Nebenfiguren der Handlung?
  - Handelt es sich bei den Personen eher um Individuen mit unverwechselbaren Eigenschaften oder eher um Typen (der Geizige, die Prinzessin usw.)?

- Welche Beziehungen bestehen zwischen den Personen?
- Lassen die Personen eine Entwicklung erkennen?

■ Welche Informationen erhalten die Leser innerhalb der Geschichte zu **Zeit und Raum**?   **Raum und Zeit**
   - Ist die Handlung chronologisch erzählt oder springt die Handlungsfolge in der Zeit hin und zurück (z. B. in der Form der Retrospektive)?
   - Gibt es Formen der Zeitraffung oder der Zeitdehnung?
   - Welche Formen des Raums liegen vor (Außenraum, Innenraum, Ausgestaltung)?
   - Welche Funktion besitzt der Raum innerhalb der Handlung? Bringt er Enge oder Weite zum Ausdruck? Ist er Projektionsfläche für die innere Verfassung eines Menschen? (z. B. in der Form des Wetters)

■ Von welchem **Standort** und aus welcher **Perspektive** wird erzählt?   **Standort/ Perspektive**
   - Bringt sich der Erzähler selbst in das Geschehen ein (auktoriale Perspektive)?
   - Tritt der Erzähler hinter die Figuren zurück (personale Perspektive)?
   - Scheint der Erzähler gänzlich hinter den Figuren der Handlung zu verschwinden, so dass das Berichtete wie die dokumentarische Abbildung der Wirklichkeit wirkt (neutrale Perspektive)?
   - Tritt der Erzähler in der Ich-Form auf?
   - Konzentriert sich der Blick des Erzählers eher auf die Gesamtheit oder bevorzugt er Details?

■ In welcher Form der **Darbietung** und aus welcher **Haltung** wird erzählt?   **Darbietungsform Erzählhaltung**
   - Lassen sich Darbietungsformen wie Bericht oder szenische Darstellung erkennen?
   - Wird die Handlung subjektiv gewertet oder im Wesentlichen objektiv dargestellt? Ist die Darstellung also eher persönlich oder eher sachlich gehalten?
   - Treten Formen der Distanzierung wie Ironie oder Sarkasmus auf?

■ Welche zentralen **Motive** sind erkennbar?
   - Gibt es (häufig wiederkehrende) Leitmotive (z. B. Doppelgänger, Duell, usw.)?

Frage nach der Form des Ausdrucks	■ Wie wird erzählt? ■ Welche **sprachlichen und stilistischen Besonderheiten** lassen sich erkennen? – Enthält der Text **Bilder** (Schnee), **Vergleiche** (wie im Flug), **Metaphern** (Wüstenschiff) oder **Symbole** (Kreuz)? – Enthält der Text weitere **rhetorische Figuren**? (Personifikation, Anapher, Klimax usw.) – Enthält der Text auffällige Häufungen von **Wortarten** (Adjektive, Verben)? – Ist der Text durchgängig in der **Hochsprache** verfasst? Oder enthält er Dialekte, Umgangssprache, Vulgärausdrücke? – Besitzt der Text **dialogische Anteile** in der Form der wörtlichen und/oder indirekten Wiedergabe von Gesprächen? – Ist der **Satzbau** einfach (parataktisch) oder ist er verschachtelt (hypotaktisch)? – Weichen **Rechtschreibung** oder **Zeichensetzung** von der Norm ab? ■ Welche Bedeutung haben Besonderheiten in der sprachlich-stilistischen Gestaltung im Hinblick auf die Bestätigung von Analyseergebnissen?
Frage nach der geschichtlichen und übergeschichtlichen Bedeutung	■ Enthält der Text Hinweise auf die Gesellschaft, in welcher das Individuum lebt? ■ Erklären diese Hinweise möglicherweise das Verhalten der Protagonisten?

Checkliste 2: Fragen zur Analyse einer literarischen Deutung

- Folgt die Analyse in ihrer **Grobstruktur** dem Dreischritt von Textwiedergabe (Punkt 1 und 2 der Checkliste), Textbeschreibung (Punkt 3 und 4) und Textdeutung (Punkt 5)?
- Bedient sich der Verfasser der Interpretation einer **wissenschaftlich überprüfbaren Methode**, indem er allgemein anerkannte Kategorien zur Erschließung literarischer Texte einbezieht?
  - Untersucht er die formalen und sprachlich-stilistischen Mittel unter Berücksichtigung terminologischer Standards?
  - Untersucht er also im Einzelnen deutungsrelevante Bereiche wie zum Beispiel die Erzählhaltung, die Erzählperspektive oder das Verhältnis zwischen Erzählzeit und erzählter Zeit? Erkennt er rhetorische Figuren oder spezifische Formen des Satzbaus? Verweist er auf Leitmotive oder auf markante Themenbereiche?
- Sind die Aussagen **sachlich** im Ton, **sachgerecht** in der Argumentation und in der Gedankenführung **logisch** nachvollziehbar?
  - Verzichten sie auf bloße Behauptungen, die objektiv nicht haltbar sind, weil sie spekulativ bleiben?
  - Sind Aussagen durch Zitate belegt?
  - Ist die Interpretation in ihren Ausführungen gedanklich und sprachlich klar?
  - Bietet sie eine echte Orientierungshilfe zum Textverständnis?
- Inwiefern halten Sie die Ihnen vorgelegte Interpretation für schlüssig oder für problematisch?
  - In welchen Punkten gibt es zwischen Ihrer eigenen und der fremden Deutung Übereinstimmungen und Unterschiede?
  - Welche Schlussfolgerungen ziehen Sie aus diesen Feststellungen für Ihre eigene und für die fremde Deutung?

3. Beispielaufgabe

Aufgaben:
1. Analysieren Sie Kafkas „Der Nachbar" auf der Grundlage der werkimmanenten Methode.
2. Analysieren und bewerten Sie die beigefügte Interpretation der Parabel von Kafka in Bezug auf ihren methodischen Ansatz und prüfen Sie kritisch ihre Plausibilität.

Aufgabenart I C – Vergleichende Analyse eines Sachtextes und eines literarischen Textes

Bezug – Lehrplan:
Jahrgangsstufe 12.2 – 2. Unterrichtsvorhaben: Sprachstrukturen und Sprachfunktionen – **Umgang mit Texten: Epochen, Gattungen:** sprach- und literaturtheoretische Sachtexte
Jahrgangsstufe 13.1 – 1. Unterrichtsvorhaben: Entfremdungserfahrung im modernen Roman – **Umgang mit Texten: Epochen, Gattungen:** Roman, Erzählungen, z. B. Kafka, Grass, Frisch, M. Walser

Franz Kafka gilt als Verfasser schwieriger und geheimnisvoller Texte, deren Sinn oft genug verhüllt bleibt. Lassen Sie sich von diesem Vorurteil nicht abschrecken, wenn Sie „Der Nachbar" lesen. Versuchen Sie stattdessen, in dem Text Indizien zu finden, die Ihnen helfen könnten, die auf den ersten Blick merkwürdige Gestalt des Erzählers und damit auch die Geschichte zu verstehen.

Tipp	Nutzen Sie auch das folgende Aufgabenbeispiel zunächst als Übungsmaterial. Decken Sie dazu beim Lesen der Erzählung die rechte Spalte ab und ignorieren Sie die anschließende Checkliste, um zunächst alleine oder mit anderen zusammen eine Analyse zu versuchen.
Werkimmanenz	Der methodische Ansatz der **Werkimmanenz** meint ein Deutungsverfahren, das sich ausschließlich auf den Textgegenstand konzentriert und – im **Gegensatz zu werkübergreifenden Methoden der Texterschließung** – auf Erklärungsversuche aus dem biographischen (Wer war die Autorin/der Autor?) oder dem gesellschaftsgeschichtlichen Kontext (In welcher Zeit, in welcher Gesellschaft wurde der Text verfasst?) verzichtet.

Franz Kafka: Der Nachbar (1917)

Mein Geschäft ruht ganz auf meinen Schultern. Zwei Fräulein mit Schreibmaschinen und Geschäftsbüchern im Vorzimmer, mein Zimmer mit Schreibtisch, Kasse, Beratungstisch, Klubsessel und Telefon, das ist mein ganzer Arbeitsapparat. So einfach zu überblicken, so leicht zu führen. Ich bin ganz jung und die Geschäfte ollen vor mir her. Ich klage nicht, ich klage nicht.

Seit Neujahr hat ein junger Mann die kleine, leerstehende Nebenwohnung, die ich ungeschickterweise so lange zu mieten gezögert habe, frischweg gemietet. Auch ein Zimmer mit Vorzimmer, außerdem aber noch eine Küche. – Zimmer und Vorzimmer hätte ich wohl brauchen können – meine zwei Fräulein fühlten sich schon manchmal überlastet –, aber wozu hätte mir die Küche gedient? Dieses kleinliche Bedenken war daran schuld, dass ich mir die Wohnung habe nehmen lassen. Nun sitzt dort dieser junge Mann. Harras heißt er. Was er dort eigentlich macht, weiß ich nicht. Auf der Tür steht: 'Harras, Bureau'. Ich habe Erkundigungen eingezogen, man hat mir mitgeteilt, es sei ein Geschäft ähnlich dem meinigen. Vor Kreditgewährung könne man nicht geradezu warnen, denn es handle sich doch um einen jungen, aufstrebenden Mann, dessen Sache vielleicht Zukunft habe, doch könne man zum Kredit nicht geradezu raten, denn gegenwärtig sei allem Anschein nach kein Vermögen vorhanden. Die übliche Auskunft, die man gibt, wenn man nichts weiß.

Manchmal treffe ich Harras auf der Treppe, er muss es immer außerordentlich eilig haben, er huscht förmlich an mir vorüber. Genau gesehen habe ich ihn noch gar nicht, den Büroschlüssel hat er schon vorbereitet in der Hand. Im Augenblick hat er die Tür geöffnet. Wie der Schwanz einer Ratte ist er hineingeglitten und ich stehe wieder vor der Tafel 'Harras, Bureau', die ich schon viel öfter gelesen habe, als sie es verdient.

---

berufliche Situation des Ich-Erzählers: Selbstvergewisserung durch Betonung der Alleinverantwortung

vordergründig positive Bewertung der eigenen geschäftlichen Lage

Wiederholung „Ich klage nicht, ich klage nicht" verrät, dass das Gegenteil zutrifft.

Selbstvorwürfe des Erzählers als Eingeständnis der Unsicherheit und des persönlich schuldhaften Versagens („ungeschickterweise", „kleinliche Bedenken")

Verunsicherung durch vermeintliches Informationsdefizit („weiß ich nicht", „wenn man nichts weiß")

Erzähler verschafft sich Informationen aus dritter Hand, anstatt den Nachbarn direkt anzusprechen

Hinweis auf Jugend und Dynamik des mutmaßlichen Konkurrenten

Darstellung des Nachbarn im Bild eines schemenhaft-gespenstischen Wesens

Vergleich des Nachbarn mit einem unheimlichen Tier

Eingeständnis einer Obsession (Besessenheit): Erzähler ist neurotisch (zwanghaft) fixiert auf einen Gegenstand, der Angst auslöst

Die elend dünnen Wände, die den ehrlich tätigen Mann verraten, den Unehrlichen aber decken. Mein Telephon ist an der Zimmerwand angebracht, die mich von meinem Nachbar trennt. Doch hebe ich das bloß als besonders ironische Tatsache hervor. Selbst wenn es an der entgegengesetzten Wand hinge, würde man in der Nebenwohnung alles hören. Ich habe mir abgewöhnt, den Namen der Kunden beim Telephon zu nennen. Aber es gehört natürlich nicht viel Schlauheit dazu, aus charakteristischen, aber unvermeidlichen Wendungen des Gesprächs die Namen zu erraten. – Manchmal umtanze ich, die Hörmuschel am Ohr, von Unruhe gestachelt, auf den Fußspitzen den Apparat und kann es doch nicht verhüten, daß Geheimnisse preisgegeben werden.

Natürlich werden dadurch meine geschäftlichen Entscheidungen unsicher, meine Stimme zittrig. Was macht Harras, während ich telephoniere? Wollte ich sehr übertreiben – aber das muss man oft, um sich Klarheit zu verschaffen –, so könnte ich sagen: Harras braucht kein Telephon, er benutzt meines, er hat sein Kanapee an die Wand gerückt und horcht, ich dagegen muß, wenn geläutet wird, zum Telephon laufen, die Wünsche des Kunden entgegennehmen, schwerwiegende Entschlüsse fassen, groß angelegte Überredungen ausführen – vor allem aber während des Ganzen unwillkürlich durch die Zimmerwand Harras Bericht erstatten.

Vielleicht wartet er gar nicht das Ende des Gespräches ab, sondern erhebt sich nach der Gesprächsstelle, die ihn über den Fall genügend aufgeklärt hat, huscht nach seiner Gewohnheit durch die Stadt und, ehe ich die Hörmuschel aufgehängt habe, ist er vielleicht schon daran, mir entgegenzuarbeiten.

aus: Franz Kafka, Ein Landarzt und andere Prosa. Hrsg. von Michael Müller. Reclam Verlag, Stuttgart 1995, S. 81–83

Erzähler denunziert den Nachbarn als unmoralisch Handelnden, während er sich selbst als integeren Menschen sieht

Leitmotiv des Telefons, das als technisches Instrument nicht Kommunikation gewährleistet, sondern in der Wahrnehmung des Erzählers die eigene Intimität bedroht

Unterstellung parasitärer und zerstörerischer Handlungsmotive auf der Seite des Nachbarn

zwanghafte Kreisbewegung als Ausdruck der Ausweg- und Hilflosigkeit

Eingeständnis des Kontrollverlustes über die eigenen Handlungen

erneute Unterstellung eines parasitären Aktes der Aneignung fremder Informationen

Selbststilisierung des Erzählers im Bild des hart arbeitenden und unermüdlich um seine Existenz kämpfenden Kaufmanns

Wiederholung des Bildes vom nicht fassbaren Phantom

Verfolgungswahn: paranoide Angst vor Selbstverlust durch Bedrohung von außen

Bernhard W. Seiler: Vieldeutigkeit und Deutungsvielfalt oder: Das Problem der Beliebigkeit im Umgang mit Literatur

[...]

Was also tun, damit im Umgang mit solchen undeutlichen Texten die Deutungsversuche nicht in zielloser Beliebigkeit verlaufen und zugleich ein einigermaßen unbefangenes Sprechen ermöglicht wird? Wenn schon nicht sicher zu fassen ist, was ein Text bedeutet, so läßt sich in vielen Fällen doch wenigstens erst einmal klären, was er nicht bedeutet, und auf diese Weise verhindern, daß der Erkenntnisweg nur aus irrlichternden Vermutungen besteht. Die einfachste und nächstliegende Möglichkeit dieser Art ist, den Text ganz naiv und vordergründig beim Wort zu nehmen, um so die Stellen an ihm sichtbar zu machen, die mit den gewöhnlichen Erfahrungen nicht übereinstimmen und auf denen der Deutungsspielraum im wesentlichen beruht.

Beispielhaft zeigen läßt sich das etwa an Kafkas Erzählung ‚Der Nachbar', dem Selbstporträt eines Kaufmannes, der hinter dem neuen Mieter der Nachbarwohnung einen geschäftlichen Konkurrenten vermutet und dadurch bis zur Selbstaufgabe verunsichert wird. Fragt man hier nach der Logik und Wahrscheinlichkeit der Situation, so zeigen sich gleich mehrere irritierende Faktoren. Zunächst ist schon nicht zu verstehen, warum dieser Kaufmann die Anmietung der längere Zeit leerstehenden benachbarten Wohnung unterlassen hat. Seine Erklärung, er habe keine Verwendung für die Küche gehabt, wirkt auf eine merkwürdige Weise beschränkt, da er diese Küche ja einfach leerstehen oder sie anderweitig hätte benutzen können. Ferner ist nicht zu verstehen, warum er seinen Nachbarn noch nicht einmal genau gesehen hat, obwohl er ihn hin und wieder trifft. Hier wäre es doch das Nächstliegende, den anderen anzusprechen, sich ihm vorzustellen usw. Auch gegen die Besorgnis, der Nachbar könne wegen der dünnen Wände seine Telefongespräche mithören, sollten irgendwelche Vorkehrungen möglich sein, und vollends uneinsichtig ist, wie der Nachbar überhaupt geschäftliche Vorteile aus seinen Lauschaktionen sollte ziehen können. Der Geschäftsbeschreibung nach handelt es sich um eine Art Maklerbüro, in dessen Kundenkreis so leicht ja gar nicht einzudringen ist. Zweifellos sind derartige Überlegungen von außen an die ‚Realität' der erzählten Welt herangetragen und insofern unangemessen, aber sie machen gerade darum deutlich, daß Kafka keine wirkliche Geschäftssituation schildert. Das aber wird nicht einmal in der Kafka-Literatur immer richtig erkannt. In einer Interpretation von 1968 heißt es z. B., der Kaufmann verhalte sich im Sinne des Kapitalismus streng rational, wenn er die benachbarte Wohnung wegen der überflüssigen Küche anzumieten zögere, d. h., Kafka habe zeigen wollen, daß der zweckrational handelnde Kapitalist dem vollmenschlich agierenden Nachbarn – mit Küche – unterlegen sei.

Das, was Beißner die ‚Einsinnigkeit' der Kafkaschen Erzählweise genannt hat, wirkt also möglicherweise auch auf kompetente Interpreten noch so suggestiv, daß sie die lebenspraktischen Verhältnisse in der gleichen verzerrten Perspektive wahrnehmen. Zeigt man jedoch die hier bestehenden Differenzen auf, so wird deutlich, daß diese Erzählung im Prinzip nur allgemein von den Ängsten eines unsicheren, seiner Gesamtsituation nicht gewachsenen Menschen handelt. Woran es ihm fehlt, bzw. wovon er sich bedroht fühlt, das mag dann auf dem Hintergrund der Kafka-Literatur biographisch, psychoanalytisch, sozialgeschichtlich oder wie immer erklärt werden: Der Weg bis zu dieser Schwelle hin ist jedenfalls gemeinsam zu gehen und insoweit ein bestimmtes Erkenntnisziel durchaus zu formulieren. Dabei empfiehlt sich dieses Verfahren immer wieder besonders für Kafka, dessen Erzählungen oft so dicht an der Realität entlanglaufen, daß man sie mit dieser gleichsetzen zu können meint, während sie doch gerade aus der Differenz zu ihr ihre geheimnisvoll bannenden Wirkungen beziehen.
[...]
aus: Der Deutschunterricht 6. Klett Verlag, Stuttgart 1982, S. 100–101

4. Lösungsentwurf

Gliederung
A) Literarischer Text
　1. Thema
　2. Inhalt
　3. Inhaltsstrukturen
　4. Form des Ausdrucks
　5. Geschichtliche und übergeschichtliche Bedeutung
B) Sachtext
　1. Darstellung des Gegenstandes
　2. Bewertung des analytischen Verfahrens

Franz Kafka: Der Nachbar

Literarischer Text

Thema

Die Frage nach dem Thema führt sofort ins Zentrum der Geschichte und lässt sich oft erst im Anschluss an die Analyse sicher beantworten.

Auch wenn der Titel dies nahe legt, so handelt Kafkas Text nicht von Nachbarn und Nachbarschaft. Schon beim ersten Lesen ist Ihnen möglicherweise aufgefallen, dass der Erzähler sich allem Anschein nach in einem einsamen Kampf gegen ein Phantom befindet, das lediglich in seinem Kopf existiert. „Der Nachbar" ist das **Psychogramm eines Mannes, der an sich selbst zugrunde geht**, weil ihn eingebildete und irrationale Ängste beherrschen.

Inhalt

Eine Zusammenfassung der Handlung bestätigt den ersten Eindruck eines dramatischen Prozesses der **krankhaften Selbstzerstörung**: Der vermeintliche Normalzustand einer beruflich erfolgreichen und finanziell gesicherten Lebenssituation löst sich innerhalb kürzester Zeit auf, als der Ich-Erzähler die Anwesenheit eines neuen Mitbewohners im Haus als massive persönliche Bedrohung seiner persönlichen Existenz wahrnimmt. Der Schlusssatz lässt das Ende der Ereignisse offen, doch ist anzunehmen, dass der Protagonist weiterhin der fatalen Logik seiner aus Verdächtigungen und Vorurteilen bestehenden Gedankenwelt folgt und an ihr zerbricht.

Inhaltsstrukturen

Bei der Porträtierung der beiden Nachbarn müssen Sie nach der Textwiedergabe unbedingt darauf achten, dass Sie zunächst die objektivierbaren ‚harten Fakten' (Alter, Beruf, Familie etc.) darstellen, bevor Sie über indirekte Indizien wie zum Beispiel Auffälligkeiten in der Formulierung zu Erkenntnissen über Persönlichkeitsmerkmale vordringen. Sollten Sie nicht so verfahren, hält Ihre Charakterisierung der literarischen Figuren nicht der Überprüfung stand.

Der Einleitungssatz „Mein Geschäft ruht ganz auf meinen Schultern." lässt den konkreten Rückschluss zu, dass **der Erzähler** *ein selbstständiger Unternehmer ist. Zugleich sagt dieser Satz etwas über das Verhältnis des Erzählers zu seinem Betrieb und über sein Selbstverständnis aus: Während nämlich der doppelte Gebrauch des besitzanzeigenden Attributs ‚mein' auf eine Beschränkung der Sicht ausschließlich auf sich selbst und damit auf eine starke Selbstbezogenheit hindeutet, signalisiert die Redewendung ‚ruht ganz auf meinen Schultern' den enormen Druck, welchem sich dieser Geschäftsmann in einem täglichen und einsamen Überlebenskampf offenkundig ausgesetzt fühlt. Die ursprüngliche positive Gewissheit, dass der Ich-Erzähler eine respektable Persönlichkeit ist, die sich in der Welt zu behaupten weiß, weicht sozusagen in einem Atemzug der negativen Annahme einer mit einer erheblichen Selbstüberforderung einhergehenden Selbstüberschätzung, die – wie sich bei weiterer Lektüre herausstellt – Ausdruck eines quälenden Minderwertigkeitsgefühls und einer tiefen Angst ist.*

Es lässt sich leicht nachweisen, dass über den **Nachbarn** *nur wenige gesicherte Informationen vorliegen. Die meisten Angaben über ihn lassen sich nicht überprüfen, weil sie lediglich das Bild wiedergeben, welches der Ich-Erzähler von ihm hat. Feststellungen im Hinblick auf den Nachbarn sagen nur wenig über diesen, jedoch viel über den Erzähler, seine Unsicherheit und seine Verzweiflung aus.*

Achten Sie jetzt einmal durch Überprüfung entsprechender Texthinweise darauf, in welchem Maße der Erzähler auch räumlich eingeengt bleibt. Eine Außenwelt existiert im Bewusstsein des Ich-Erzählers praktisch nicht.

Form des Ausdrucks

Kafkas kurzer Prosatext „Der Nachbar" enthält zahlreiche auffällige Formulierungen, die wesentlich zur Aufdeckung der Wahrheit beitragen. Die Wiederholung des Satzes „Ich klage nicht" beispielsweise steht in einem direkten Widerspruch zu dem langen Klage-Monolog, der im Anschluss folgt. Dieser auf den ersten Blick merkwürdige Widerspruch erweist sich bei der Erfassung des Textganzen als Formel zur Beschwichtigung eines innerlich zerrissenen Menschen, der die Umwelt und sich selbst über den wahren eigenen Zustand hinwegzutäuschen versucht.

Neben **Formen der Wiederholung** („So einfach zu überblicken, so leicht zu führen.") finden sich im Text viele weitere sprachliche Besonderheiten. Zu ihnen gehören **Bilder** („Arbeitsapparat"), **Vergleiche** („wie der Schwanz einer Ratte") und **Metaphern** („Die Geschäfte rollen vor mir her."). **Parataktische (= kurze) Sätze** („Nun sitzt dort dieser junge Mann. Harras heißt er.") wechseln mit **hypotaktischen (= langen und komplex gebauten) Sätzen** ab. Zahlreiche Ausdrücke der Bewegung (huschen, rollen, zögern, eilig, umtanzen) vermitteln den Eindruck hektischer Betriebsamkeit.

Geschichtliche und übergeschichtliche Bedeutung

„Der Nachbar" wirkt zunächst als zeitloses Dokument eines menschlichen Einzelschicksals. Das Jahr seiner Veröffentlichung (1917) scheint unberührt von den gesellschaftlichen Entwicklungen seiner Zeit.

Und doch finden sich im Text einzelne Motive, die verraten, dass das Drama des Erzählers nicht allein von innen heraus, sondern auch ausgehend von den äußeren Lebensumständen im Zeitalter des fortgeschrittenen Kapitalismus zu verstehen ist. Zu diesen Motiven zählen das „'Bureau'" (Schreibmaschinen, Vorzimmer, Beratungstisch usw.), das „Geschäft" (Geschäftsbücher, Kasse, Kreditgewährung usw.) sowie – in zentraler Position – das „Telephon" als modernes Kommunikationsmittel.

Der Text skizziert folglich einen bürokratischen und kaufmännischen „Arbeitsapparat", in dem Konkurrenz- und Leistungsdruck die Menschen beherrschen. Die technischen Möglichkeiten der Kommunikation (Schreibmaschine, Telefon) ersetzen die zwischenmenschliche Begegnung, wenn auch

„Klubsessel" im Büro noch eine echte Gesprächsatmosphäre suggerieren.

Der Mensch bleibt in der Welt des Handels und Konsums letztlich isoliert und kämpft um eine Existenz, in deren Hintergrund keine familiäre Geborgenheit mehr besteht. Es fällt auf, dass der Erzähler mit keinem Wort Familienangehörige, Verwandte oder Freunde und Bekannte erwähnt, sondern einzig von seinem Nachbarn spricht, den er als feindlichen Konkurrenten auf dem Wirtschaftsmarkt empfindet.

Sachtext

Analyse von Kafkas „Der Nachbar"

Sie werden anhand der Checkliste S.68 ff bei Ihrer Überprüfung der hier als Beispiel ausgewählten Deutung feststellen, dass sie die Anforderungen an eine textbezogene und plausible Texterschließung nicht erfüllt und insgesamt kritikwürdig ist. Die Aufgabe einer Darstellung des Gegenstandes und einer Benennung problematischer Momente dürfte Ihnen nicht schwer fallen.

Darstellung des Gegenstandes

- Der Autor sieht in Kafkas „Der Nachbar" das typische Beispiel für einen „undeutlichen Text".
- Er sieht damit für „Deutungsversuche" die Gefahr „zielloser Beliebigkeit" und „irrlichternde[r] Vermutungen".
- Er stellt die These auf, dass „nicht sicher zu fassen ist, was ein Text bedeutet."
- Als Gegenmaßnahme stellt er ein Verfahren *ex negativo* vor, das darin besteht, „den Text ganz naiv und vordergründig beim Wort zu nehmen" und „wenigstens erst einmal zu klären, was er *nicht* bedeutet."
- Er empfiehlt „dieses Verfahren immer wieder besonders für Kafka, dessen Erzählungen oft so dicht an der Realität entlanglaufen, dass man sie mit dieser gleichsetzen zu können meint, während sie doch gerade aus der Differenz zu ihr ihre geheimnisvoll bannenden Wirkungen beziehen."
- Er stellt daher Fragen „nach der Logik und Wahrscheinlichkeit" einzelner „irritierende[r]" Situationen innerhalb der Erzählung. Diese betreffen etwa den Umstand, dass „der Kaufmann die Anmietung der längere Zeit leerstehenden benach-

barten Wohnung unterlassen hat." Außerdem „sei nicht zu verstehen, warum er [der Ich-Erzähler] den Nachbarn noch nicht einmal genau gesehen hat, obwohl er ihn hin und wieder trifft."
- Dem Autor der Analyse gemäß machen diese „Überlegungen [...] deutlich, dass Kafka keine wirkliche Geschäftssituation schildert", sondern allgemein die „Ängste [ ] eines unsicheren, seiner Gesamtsituation nicht gewachsenen Menschen."
- Der Autor kritisiert Interpretationen, die Kafkas Texte aus einer „verzerrten Perspektive" der „'Einsinnigkeit'" wahrnehmen, indem sie die Wirklichkeit in Kafkas Erzählungen für die Wirklichkeit selbst halten.
- Der Autor geht von dem vernünftigen Ansatz aus, dass man „den Text ganz naiv und vordergründig beim Wort zu nehmen" habe.
- Er gelangt mit seinen Überlegungen zu dem generell richtigen Ergebnis, dass Kafkas „Der Nachbar" „von den Ängsten eines unsicheren, seiner Gesamtsituation nicht gewachsenen Menschen handelt."
- Seine Behauptung, dass „Kafka keine wirkliche Geschäftssituation schildert", bleibt hingegen spekulativ, da sie innerhalb der Erzählung nicht direkt nachgewiesen wird und auch nicht nachgewiesen werden kann.
- Zugleich lässt der Autor auch die Ausdrucksformen (Symptome) und Ursachen der Ängste völlig unberücksichtigt, so dass die Figur des Ich-Erzählers im Rahmen der Analyse nur eine untergeordnete Bedeutung erhält.
- Die Defizite entspringen einem grundsätzlichen Mangel: Die vorgestellte Analyse interessiert sich nicht für die positiven, sondern nur für die negativen Textinformationen; nicht das, was der Text sagt, sondern das, was er nicht sagt, steht im Mittelpunkt. Eine direkte Analyse des Verzichts auf die Anmietung der Küche beispielsweise wird ersetzt durch unklare Formulierungen und durch Hypothesen in der Form des Konjunktiv: „Seine Erklärung, er habe keine Verwendung für die Küche gefunden, wirkt auf eine merkwürdige Weise beschränkt, da er diese Küche ja einfach

Bewertung des analytischen Verfahrens

leerstehen oder sie anderweitig hätte benutzen können."
- Der Autor projiziert seine eigene Logik in die Logik des Textes, anstatt dessen Fiktion zu respektieren. Dabei gelangt er zwar zu einem grundsätzlich richtigen Deutungsergebnis, unterschlägt aber zugleich die vielen interessanten Details und Aspekte, die ein tiefergehendes Textverständnis überhaupt erst ermöglichen.

Analyse von fiktionalen und nicht-fiktionalen Texten zur Sprachreflexion

1. Vorüberlegungen

Sachtexte sind Ihnen in allen Fächern begegnet, sei es im Geschichtsunterricht beispielsweise als Quellentext, im Fremdsprachenunterricht, im gesellschaftswissenschaftlichen Bereich usw., so dass Ihr Erfahrungsspektrum sehr umfassend sein müsste.

Sachtexte

Lesen Sie in Ihren Aufzeichnungen noch einmal nach, welche Texte Sie behandelt haben, wie Sie diese Texte methodisch entschlüsselt haben, welchen Stellenwert diese Texte jeweils hatten. Sie werden dabei feststellen, dass die Texte sehr unterschiedliche Ausprägung hatten, je nachdem ob Sie **überprüfbare, objektive und umfassende Informationen** erhalten haben oder ob Sie **subjektive, eher auswählende Texte** untersucht haben, sei es als Kommentar, Meinungsäußerung, Rede, Bewertung von Ereignissen usw.

Die Texte dienten also einerseits der Erweiterung Ihres Wissens, andererseits der Auseinandersetzung mit unterschiedlichen Einstellungen und Positionen. Zugleich waren Sie über die gesamte Schulzeit hinweg „Autor" von „Sachtexten", Ihre Hausaufgaben, Referate, Klausuren, Facharbeiten usw. waren ja zumeist keine fiktionalen Texte. Wenn Sie sich dies vor Augen halten, haben Sie schon einen ersten Ansatz zur Erschließung von „Sachtexten", denn Ihre Überlegungen waren zunächst: Welche Informationen möchte ich in welcher Reihenfolge so vortragen, dass ich bei meinen Zuhörern mein Ziel erreiche: beispielsweise sie zu **informieren**, sie zu **überzeugen**, ihnen eine **veränderte Perspektive** auf Ereignisse zu **vermitteln**. Zugleich haben Sie bestimmte Techniken genutzt, um Ihr **Ziel** zu **erreichen**, etwa durch eine bestimmte Gliederung, durch Zuhilfenahme von Beispielen, Veranschaulichungen, Tabellen usw., aber auch durch sprachliche Mittel.

81

Reflexion über Sprache

Reflexion über Sprache hat Sie gleichfalls Ihre gesamte Schullaufbahn begleitet. Schon in der Sekundarstufe I haben Sie die **darstellende Funktion** von Sprache, die **expressive Funktion**, die beeinflussende, **appellative** und die **kommunikative Funktion** erarbeitet.

In der Sekundarstufe II werden folgende Schwerpunkte gesetzt, die – wie Sie auch in den Beispielen sehen – zum Teil in die Analyse von Texten einbezogen werden:

- **Strukturen der Sprache** als System und die **Funktion von Sprache** in Texten und Kommunikationssituationen (beispielsweise in Dramen) kennen lernen und beschreiben können.
  Dazu gehören: grammatisches Wissen und Kenntnis von rhetorischen und stilistischen Mitteln.
- **Sprache als Ergebnis von Entwicklungsprozessen** verstehen.
  Themenbereiche: Spracherwerb; Sprachwandel im Hinblick auf Epochenumbrüche
- **Sprachvarietäten** untersuchen und angemessen verwenden.
  Dazu gehören: Sprachebenen unterscheiden, Jugendsprache, Jargon, Fachsprachen und Wissenschaftssprache erfassen und untersuchen.
- Über das **Verhältnis von Sprache, Denken und Wirklichkeit** nachdenken.
  Themen und Texte: sprachphilosophische Texte, sprachtheoretische Texte, Sprache und Wirklichkeit
- Veränderung im Denken, Wahrnehmen und Kommunizieren durch die **Informations- und Kommunikationstechnologien** reflektieren.
  Themen: Sprach- und Medienkritik, Massenmedien und ihre Wirkung, Internet und seine Besonderheiten, Journalismus und seine Wirkung.

2. Checkliste

Beachten Sie genau die Arbeitsanweisung und notieren Sie knapp, welchen Anforderungen eine Analyse genügen muss:

Vorarbeit

1. **Texterfassung (Zeit, Autor, Thema, Inhalt = Wiedergabe des Inhaltes)**
2. **Textbeschreibung**
   a) Textart
   b) Aufbau
   c) Textstruktur
   d) syntaktische, semantische und stilistisch-rhetorische sowie gattungstypische Elemente
   e) mit ihrer Funktion für den gesamten Text
3. **Textdeutung**
4. **kritische Wertung und Bezug zur Zeit, aus der der Text stammt**

Vorgehensweise

- Verschaffen Sie sich zunächst durch aufmerksames Lesen des zentralen Textes einen ersten Überblick über den groben Inhalt.
- Verdoppeln Sie die Seite (Doppelseite eines Klausurbogens – links Text, rechts Platz für Anmerkungen), wenn Ihr Lehrer keinen Freiraum an der Seite gelassen hat.
- Gehen Sie jetzt schrittweise die einzelnen Textteile durch,
- markieren Sie Ihren Text und
- schreiben Sie Ihre Beobachtungen, Fragen, Gliederungsmerkmale, sprachliche Beobachtungen auf die leere rechte Seite mit Querverweisen in den Text (farbige Markierungen und Beobachtungen).
- Versuchen Sie dabei die grundlegenden Fragen zu beantworten;
  Wer? Wie? Was? Warum? Hinzu kommen: Für wen? Mit welcher Absicht? In welcher Situation?
- Sortieren Sie nun in einem weiteren Schritt Ihre Beobachtungen anhand des folgenden Lösungsvorschlags.

Sollte ein Vergleich vorgenommen werden, bietet es sich an, zunächst beide Texte zu lesen, um herauszufinden, worin Übereinstimmungen oder Vergleichsmöglichkeiten bestehen.

3. Beispielaufgabe

Aufgaben:
1. Analysieren Sie den Text „Ein Brief" von H. von Hofmannsthal.
2. Überprüfen Sie den Wirklichkeitsbegriff, den Hofmannsthal und Chandos vertreten, mit den Aussagen von Schneider!

Aufgabenart II A – Analyse eines literarischen Textes mit weiterführendem Schreibauftrag

Bezug – Lehrplan:
Jahrgangsstufe 12. 2 – 2. Unterrichtsvorhaben: Sprachstrukturen und Sprachfunktion
Umgang mit Texten: sprach- und literaturtheoretische Sachtexte
Jahrgangsstufe 13.1 – 2. Unterrichtsvorhaben: Sprachskepsis
Umgang mit Texten: Epochen und Gattungen („Essays und Lyrik z. B. von Hugo von Hofmannsthal" und „Epochenumbruch 19./20. Jahrhundert")
Obligatorik – Reflexion über Sprache

Hugo von Hofmannsthal (1874 – 1929)[0]
Ein Brief (1902 veröffentlicht – gekürzt)[1]

Dies ist <u>der</u> Brief, den Philipp Lord Chandos [2], jüngerer Sohn des Earl of Bath, an Francis Bacon [3] ... schrieb, um sich bei diesem Freunde wegen des gänzlichen Verzichtes auf literarische Betätigung zu entschuldigen.

Es ist gütig von Ihnen, mein hochverehrter Freund, mein zweijähriges Stillschweigen zu übersehen und so an mich zu schreiben. Es ist mehr als gütig, Ihrer Besorgnis um mich, Ihrer Befremdung über die geistige Starrnis, in der ich Ihnen zu versinken scheine, den Ausdruck der Leichtigkeit und des Scherzes zu geben, den nur große Menschen, die von der Gefährlichkeit des Lebens durchdrungen und dennoch nicht entmutigt sind, in ihrer Gewalt haben. Sie schließen mit dem Aphorisma des Hippokrates: »Qui is gravi morbo correpti dolores non sentiunt, us mens aegrotat« [4] und meinen, ich bedürfe der Medizin nicht nur, um mein Übel zu bändigen, sondern noch mehr, um meinen Sinn für den Zustand meines Innern zu schärfen. Ich möchte Ihnen so antworten, wie Sie es um mich

---

„ein" – im Sinne von irgendein Brief

Gegensatz hierzu die genaue Angabe durch den bestimmten Artikel
Frage: von wem stammt diese Einleitung, sie gehört in dieser Form nicht zum Brief, es gibt auch keinen Hinweis auf einen Herausgeber

sehr **höfliche Einleitung** mit eingeschobener Anrede, zweifache Wiederholung des Wortes „gütig" – (steigernd) „mehr als gütig"

Hinweis auf den **Anlass des Briefes** – Antwort auf einen Brief von Bacon, in dem dieser seine Sorge über das Verhalten von Chandos formuliert

Zitat aus dem Brief – Aphorismus von Hippokrates = griechischer Arzt (460 – 370 v. Chr.) – Andeutung Bacons auf den seelischen Zustand von Chandos 1. Hinweis auf ein Problem
abermalige Höflichkeitsformel (kostbarer Brief), Hinweis auf ein Identitätsproblem (bin ich noch derselbe?) und Versprechen der Ehrlichkeit bei der Antwort

verdienen, möchte mich Ihnen ganz aufschließen und weiß nicht, wie ich mich dazu nehmen soll. Kaum weiß ich, ob ich noch derselbe bin, an den Ihr kostbarer Brief sich wendet. [...]

Mein Fall ist, in Kürze, dieser: Es *ist* mir völlig die Fähigkeit abhanden gekommen, über irgendetwas zusammenhängend zu denken oder zu sprechen. Zuerst wurde es mir allmählich unmöglich, ein höheres oder allgemeineres Thema zu besprechen und dabei jene Worte in den Mund zu nehmen, deren sich doch alle Menschen ohne Bedenken geläufig zu bedienen pflegen. Ich empfand ein unerklärliches Unbehagen, die Worte »Geist«, »Seele« oder »Körper« nur auszusprechen. Ich fand es innerlich unmöglich, über die Angelegenheiten des Hofes, die Vorkommnisse im Parlament, oder was Sie sonst wollen, ein Urteil herauszubringen. Und dies nicht etwa aus Rücksichten irgendwelcher Art, denn Sie kennen meinen bis zur Leichtfertigkeit gehenden Freimut: sondern die abstrakten Worte, deren sich doch die Zunge naturgemäß bedienen muß, um irgendwelches Urteil an den Tag zu geben, zerfielen mir im Munde wie modrige Pilze. Es begegnete mir, daß ich meiner vierjährigen Tochter Katharina Pompilia eine kindische Lüge, deren sie sich schuldig gemacht hatte, verweisen und sie auf die Notwendigkeit, immer wahr zu sein, hinführen wollte, und dabei die mir im Munde zuströmenden Begriffe plötzlich eine solche schillernde Färbung annahmen und so ineinander überflössen, daß ich den Satz, so gut es ging, zu Ende haspelnd, so wie wenn mir unwohl geworden wäre und auch tatsächlich bleich im Gesicht und mit einem heftigen Druck auf der Stirn, das Kind allein ließ, die Tür hinter mir zuschlug und mich erst zu Pferde, auf der einsamen Hutweide einen guten Galopp nehmend, wieder

1. Darstellung der Sachlage – völliges Versagen der Sprache in Zusammenhängen zu denken und zu sprechen; Sprache versagt bei übergeordneten, aber auch allgemeinen Themen –

Abstrakta: z. B. Geist, Seele – und **Konkreta:** z. B. Körper – können nicht mehr sprachlich erfasst werden

Urteile über politische Angelegenheiten können nicht mehr ausgesprochen werden

1. Beispiel: Sprache versagt bei abstrakten Begriffen – damit sind keine Beurteilungen von Sachverhalten möglich

(**1. Vergleich** – modrige Pilze = Sprache ist im Zerfallen begriffen)

2. Beispiel: Unfähigkeit die 4jährige Tochter dazu anzuhalten, nicht zu lügen, sondern die Wahrheit zu sagen (Sprache selbst scheint nicht mehr vertrauenswürdig) – körperliches Versagen

Flucht in die Natur

einigermaßen herstellte. Allmählich aber breitete sich diese Anfechtung aus wie ein um sich fressender Rost. Es wurden mir auch im familiären und hausbackenen Gespräch alle die Urteile, die leichthin und mit schlafwandelnder Sicherheit abgegeben zu werden pflegen, so bedenklich, daß ich aufhören mußte, an solchen Gesprächen irgend teilzunehmen. Mit einem unerklärlichen Zorn, den ich nur mit Mühe notdürftig verbarg, erfüllte es mich, dergleichen zu hören, wie: diese Sache ist für den oder jenen gut oder schlecht ausgegangen; Sheriff N. ist ein böser, Prediger T. ein guter Mensch; Pächter M. ist zu bedauern, seine Söhne sind Verschwender; ein anderer ist zu beneiden, weil seine Töchter haushälterisch sind; eine Familie kommt in die Höhe, eine andere ist im Hinabsinken. Dies alles erschien mir so unbeweisbar, so lügenhaft, so löcherig wie nur möglich. Mein Geist zwang mich, alle Dinge, die in einem solchen Gespräch vorkamen, in einer unheimlichen Nähe zu sehen: so wie ich einmal in einem Vergrößerungsglas ein Stück von der Haut meines kleinen Fingers gesehen hatte, das einem Blachfeld mit Furchen und Höhlen glich, so ging es mir nun mit den Menschen und ihren Handlungen. Es gelang mir nicht mehr, sie mit dem vereinfachenden Blick der Gewohnheit zu erfassen. Es zerfiel mir alles in Teile, die Teile wieder in Teile, und nichts mehr ließ sich mit einem Begriff umspannen. Die einzelnen Worte schwammen um mich; sie gerannen zu Augen, die mich anstarrten und in die ich wieder hineinstarren muß: Wirbel sind sie, in die hinabzusehen mich schwindelt, die sich unaufhaltsam drehen und durch die hindurch man ins Leere kommt. [5)]
[…]

2. Vergleich: Unfähigkeit zusammenhängend zu sprechen breitet sich aus wie fressender Rost

3. Beispiel: Misstrauen in die Zuverlässigkeit von Urteilsbildung und von raschen Urteilsfindungen – Rückzug aus familiären Gesprächen
Zorn über die (leichtfertige) Urteilsbildung seiner Umgebung –
sehr differenzierte gedankliche Auseinandersetzung mit den Wertungen seiner Umgebung
Frage: ist dies ohne Sprache möglich oder versagt nur die Sprache als Vermittlung?

Sprache wird zunehmend als lückenhaft bei der Bewältigung alltäglicher Situationen empfunden; zugleich schärft sich die **Beobachtungsfähigkeit** – **Vergleich: Vergrößerungsglas**

Gewohntes wird fremd und atomisiert sich im sprachlichen Zugriff – die Begriffe sind nicht komplex genug, um die differenzierten Bobachtungen wiederzugeben

1. Metapher: Zerfall der Begriffe in zusammenhanglose Wörter, die zugleich gerinnen und zu Wirbeln werden, die Schwindel verursachen – diese Metapher zerfällt in unzusammenhängende Teile – nur noch die Verunsicherung wird in dieser Metapher spürbar

Seither führe ich ein Dasein, das Sie, fürchte ich, kaum begreifen können, so geistlos, so gedankenlos fließt es dahin; ein Dasein, das sich freilich von dem meiner Nachbarn, meiner Verwandten und der meisten landbesitzenden Edelleute dieses Königreiches kaum unterscheidet und das nicht ganz ohne freudige und belebende Augenblicke ist. Es wird mir nicht leicht, Ihnen anzudeuten, worin diese guten Augenblicke bestehen; die Worte lassen mich wiederum im Stich. Denn es ist ja etwas völlig Unbenanntes und auch wohl kaum Benennbares, das in solchen Augenblicken, irgendeine Erscheinung meiner alltäglichen Umgebung mit einer überschwellenden Flut höheren Lebens wie ein Gefäß erfüllend, mir sich ankündet. Ich kann nicht erwarten, daß Sie mich ohne Beispiel verstehen, und ich muß Sie um Nachsicht für die Albernheit meiner Beispiele bitten. Eine Gießkanne, eine auf dem Felde verlassene Egge, ein Hund in der Sonne, ein ärmlicher Kirchhof, ein Krüppel, ein kleines Bauernhaus, alles dies kann das Gefäß meiner Offenbarung werden. Jeder dieser Gegenstände und die tausend anderen ähnlichen, über die sonst ein Auge mit selbstverständlicher Gleichgültigkeit hinweggleitet, kann für mich plötzlich in irgendeinem Moment, den herbeizuführen auf keine Weise in meiner Gewalt steht, ein erhabenes und rührendes Gepräge annehmen, das auszudrücken mir alle Worte zu arm scheinen. […]	„Seither" – temporale Subjunkion, die auf das Zeitverhältnis des 1. zum 2. Teil hinweist: **Gliederungsaspekt: 2. Darstellung der Sachlage (Bezug zur Gegenwart)** Gegenwärtiges Dasein: „geistlos", „gedankenlos" wie seine adlige Schicht, dennoch positive Erfahrungen – auch hier versagt die Sprache, jedoch offenbar aus anderen Gründen: es handelt sich nicht mehr um Wertungen, sondern um emotionale Erfahrungen, die Ch. nicht (noch nicht) formulieren kann **Beispiel für die neue Lebenserfahrung:** alltägliche Gegenstände, Orte, Personen oder Beobachtungen rufen (ungewollt, außerhalb der eigenen Willensmöglichkeiten) Rührung und zugleich erhabene Gefühle hervor, die im Gegensatz zu stehen scheinen zum Betrachtungsgegenstand
Ich wollte, es wäre mir gegeben, in die letzten Worte dieses voraussichtlich letzten Briefes,	Hinweis auf das Ende des brieflichen Kontakts

den ich an Francis Bacon schreibe, alle die Liebe und Dankbarkeit, alle die ungemessene Bewunderung zusammenpressen, die ich für den größten Wohltäter meines Geistes, für den ersten Engländer meiner Zeit im Herzen hege und darin hegen werde, bis der Tod es bersten macht.

1603, diesen 22. August.   Phi. Chandos

wie am Anfang ist unklar, an wen sich Chandos hier wendet, da er Bacon nicht anredet, sondern über ihn spricht – Ausdruck von Dankbarkeit und Bewunderung

keine Grußformel, genaues Datum, keine Ortsangabe

aus: Hugo von Hofmannsthal, Gesammelte Werke. Prosa II Fischer Verlag, Frankfurt a. M. 1959, S. 11–14

[0] Hofmannsthal (1874–1929) – um die Jahrhundertwende sehr bekannter österreichischer Dichter, sein Drama „Jedermann" wird jährlich in Salzburg gespielt.
[1] Der so genannte Chandos-Brief wurde am 18. und 19. Oktober 1902 unter dem Titel „Ein Brief" in der Berliner Tageszeitung „Der Tag" veröffentlicht.
[2] Chandos ist eine von Hofmannsthal erfundene Person.
[3] Bacon (1561–1626) – englischer Philosoph und Staatsmann. Begründete den modernen Empirismus. Die einzig verlässliche Quelle der Erkenntnis ist nach Bacon die Erfahrung (Beobachtung und Experiment).
[4] Diejenigen, die, von schwerer Krankheit erfasst, Schmerzen nicht spüren, haben einen kranken Geist.
[5] In diesem Teil geht Chandos auf die Werke ein, die er in der Vergangenheit geschrieben hat.

Wolf Schneider: Was ist das – Wirklichkeit?

Die Wirklichkeit zu beschreiben, wenn es sie gäbe, wäre schwer genug; aber die Wirklichkeit gibt es nicht. Werner Heisenberg, der Koran, ADAC-Statistiken und rote Kniestrümpfe werden unsere Zeugen sein. Hermann Hesse erzählt von dem Kind, dem die Wirklichkeit „wie eine alberne Vereinbarung der Erwachsenen erschien"[1]; Paul Watzlawick meint, die „wirkliche" Wirklichkeit sei ein mörderischer, despotischer Wahn – wenn nämlich, wie üblich, damit allein die eigene Sicht der Wirklichkeit gemeint sei.[2]

Was es – Wahn inklusive – gibt, sind mindestens sieben „Wirklichkeiten", besser: sieben Versuche, ein Problem zu beschreiben, für das keiner eine Lösung weiß.

A) *Die objektive Realität*, genauer, der Versuch, eine solche zu erforschen und zu definieren; eine harte Nuß, die von den Physikern, Mathematikern und Philosophen bis heute nicht geknackt worden ist.

B) *Die Realität der jeweiligen biologischen Art.* Die Geruchssensationen eines Hundes, das Weltbild eines Mistkäfers, der sich in den Exkrementen pflanzenfressender Säugetiere tummelt – sie sind von der Weltsicht, der „Wirklichkeit" eines Menschen unüberbrückbar verschieden; und natürlich erleben Fliegen Presseteile anders als Journalisten. Man kennt auch den Witz von der Ratte im Labor, die ihren Artgenossen das Verhalten des Versuchsleiters mit den Worten erklärt: „Ich habe diesen Mann so trainiert, daß er mir jedesmal Futter gibt, wenn ich diesen Hebel drücke."[3]

Unter allen „Wirklichkeiten" ist die biologische Realität diejenige, die sich noch am ehesten definieren und rechtfertigen läßt. Wenn ein Journalist nicht in Krähwinkelei verharren, sondern gelegentlich die Menschheit als biologische Einheit über allen „Rassen" ins Auge fassen will, sollte er seinen Informationswillen, mehr als bisher üblich, an dieser Realität ausrichten. Was in den Medien statt dessen dominiert, ist:

C) *Die subjektive Realität eines Kulturkreises.* Sie kann ein vom Interesse geleiteter Ausschnitt aus der Realität der biologischen Art sein: Die Rolle des Autos im abendländischen Seelenleben ist einem Hindu ebenso schwer nahezubringen wie unsereinem die Rolle der Kuh im Hinduismus.

Sie kann ferner das sein, was in den Hirnen vorgeht, und zwar unabhängig davon, ob der Vorstellung eine außergehirnliche Realität entspricht. Hirngespinste können handfest in die Außenwelt übergreifen: Wer von einer Religion, einer Ideologie oder einer Zwangsvorstellung besessen ist, leitet daraus häufig Handlungen ab, die schmerzhaft (also überaus „real") auf andere einwirken. [...]

D) *Die subjektive Realität einer sozialen Gruppe:* der Kinder, der geschiedenen Frauen, der „Arbeiterklasse". Nach marxistischer Lehre kann Wirklichkeit nie „klassenübergreifend" sein; das proletarische Interesse wird dabei nicht als subjektiv eingestuft, sondern als deckungsgleich mit dem objektiven Gang der Geschichte.

E) *Die subjektive Realität des Individuums.* Auch sie ist, wie die Realität eines Kulturkreises, entweder ein Hirngespinst oder ein vom Interesse geleiteter Ausschnitt aus der Realität der biologischen Art: Der Dreijährige am Meeresstrand hat überhaupt keinen Blick für die Weite des Ozeans, sondern nur für die nächste Welle oder für die Chance, im Sand Kanäle zu graben. Der Kellner erlebt natürlich eine andere Wirklichkeit des Presseballs als der Gast, wieder eine andere erlebt die Toilettenfrau, noch eine andere die Putzkolonne am nächsten Vormittag, aber jeder hat auf seine Weise „Wirklichkeit" mitgestaltet und empfunden.

F) *Die vorgetäuschte Realität.* Sie wird produziert von Politikern, Pressechefs, Memoirenschreibern, Werbeagenturen, Märchenerzählern und Prospektherstellern ..., leider auch von etlichen Reisejournalisten ... und, fahrlässig oder mit bedingtem Vorsatz, von vielen Journalisten aller Sparten ... Sie setzt an die Stelle der Wahrheit die Schönfärberei, die Irreführung oder die Lüge und an die Stelle des Abbilds das Image.

G) *Die Medienrealität.* Nur sie ist von nun an der Gegenstand dieses Kapitels.

Daß mit Schrift, Buch und Zeitung, mit Fotografie, Film und Fernsehen eine eigenständige Realität ins Leben tritt, ist zwar offenkundig, aber in seinen ungeheuren Folgen den wenigsten bewußt.

aus: Wolf Schneider, Unsere tägliche Desinformation, Gruner und Jahr, Hamburg 1984, S. 21–23

[1] Hermann Hesse – Kindheit des Zauberers
[2] Watzlawick: Wie wirklich ist die Wirklichkeit? München 1976, S. 218
[3] Ebd. S. 72

4. Lösungsentwurf

Gliederung der Analyse

1. Teil – Hofmannsthal „Ein Brief"
   A) Einleitung (Autor, Zeit, Thema)
   B) Hauptteil
      1. Textart
      2. Der Text als Teil einer Kommunikationssituation
      3. Aufbau des Briefes
      4. Sprachanalyse
   C) Interpretation und Wertung
      1. Chandos als „Verfasser"
      2. Hofmannthal als Autor – Epochenumbruch um 1900
2. Teil – Wirklichkeitsbegriff von Chandos/Hofmannsthal im Vergleich zu Schneider
   1. Schneiders Wirklichkeitsbegriff im Hinblick auf die Aussagen von Chandos
   2. Hofmannsthals Wirklichkeitsbegriff im Vergleich zu Schneiders Aussagen

1. Textart

Brief? – Dann wäre der Text nichtfiktional
fingierter Brief? – Damit handelte sich um einen fiktionalen Text: Hofmannsthal als Autor, Chandos als eine Art „Ich-Erzähler".
An dieser Stelle können Sie schon erkennen, dass die Einordnung des Textes deutlich über den Bereich „Wissen" hinausgeht, denn Sie müssen abwägen, ob Sie den Text als fiktionalen Text oder eher als Sachtext betrachten, damit entscheiden Sie sich auch für eine bestimmte Arbeitsmethode!

Fragen, die Sie bei der Bearbeitung im Auge behalten sollten:
Warum wählt Hofmannsthal die Form des fiktiven Briefes?
Warum geht er in die Zeit der Renaissance zurück?
Warum wählt er als Absender einen jungen Schriftsteller und einen berühmten Philosophen als Empfänger?

Da der Text in die Briefform eingekleidet ist, ist es sinnvoll zunächst die Vorgehensweise zur Aufgaben-

Textart – Brief oder fingierter Brief?

art I zu wählen und das „Spiel" des fingierten Briefes mitzumachen, zugleich aber sollten Sie immer mit beachten, dass es sich um einen fingierten Brief handelt (vergleichbar in der Konzeption mit Goethes Briefroman „Die Leiden des jungen Werthers").

2. Der Text als Teil einer Kommunikationssituation (Wer? Wem? Was? Wie? Warum?)

Besonderheit der Textsorte Brief

- schriftliche Mitteilung an eine abwesende Person
  - Antwort auf einen Brief von Bacon
  - Chandos geht auf Bacons Sorge über seinen seelischen Zustand ein
- dialogische Form
  - hier mehrfache Anrede des Briefpartners und Bezug zu Bacons Brief
- Briefe haben eine vorgegebene Form: Datum, Grußformel, Anrede, Einleitung, Sachverhalt, Schluss und Grußformel
  - im vorliegenden Brief findet sich keine Grußformel, sondern eine merkwürdige Einleitung, deren Verfasser unklar bleibt – Deutungsversuch am Schluss
  - Datum und Briefpartner verweisen in die Zeit der Renaissance

Autor und fiktiver Verfasser

- Hofmannsthal – bekannter Autor der Jahrhundertwende als Verfasser des gesamten Textes. Damit wäre der Text eher ein Essay über Sprachskepsis, der Autor wählt jedoch für einen theoretischen Aspekt die Fiktionalität des Briefes.
- Chandos, ein junger Autor, als Verfasser des fiktiven Briefes (Mitteilung an einen guten Freund über das Problem des sprachlichen Zugriffs auf die Welt – **Problem und Widerspruch**: Brief als Mitteilungsform!)

Problem des Empfängers

An wen richtet sich der Text (Brief)?

- Hofmannsthal: An eine Leserschaft der Tageszeitung „Der Tag" – dies könnte ein Hinweis darauf sein, dass der Brief eine allgemeine Problematik anspricht (Jahrhundertwende-Problematik!)
- Chandos schreibt an Bacon, einen von ihm bewunderten Wissenschaftler, dessen zentrale phi-

losophische Ausrichtung in der historischen Realität der Empirismus war. (**Frage?** Warum wählt Hofmannsthal gerade diesen Briefempfänger?)

- Hofmannsthal als bekannter Autor verfasst im Jahr 1902 diesen Brief; Frage ist, ob der Text Ausdruck einer Krise von Hofmannsthal ist oder ein Dokument der zeitbedingten Sprachskepsis? Zumindest herrscht hier nicht mehr der Darstellungsoptimismus des „Realismus" oder des „Naturalismus".
- Chandos beschreibt seine Lebenskrise, in der die Sprache ihm zunehmend weniger als Werkzeug zur Bewältigung von alltäglichen Situationen zur Verfügung steht, dass zudem Werturteile für ihn nicht mehr möglich sind.
- Der Brief ist ein „Abschiedsbrief" an Bacon, da auch für die Kommunikation mit Bacon die Sprachskepsis besteht.
- Hofmannsthal – mögliche Absicht: das Bewusstsein für die Problematik der Sprache als Möglichkeit, die Wirklichkeit abzubilden, zu schärfen.
- Chandos beantwortet einerseits einen Brief, in dem er zunächst sein zweijähriges Schweigen begründet, seine Sprachkrise beschreibt, um dann sei-

In welcher Situation ist der Text (Brief) entstanden?

Zielsetzung des Briefes

3. Aufbau des Briefes

Tipp: Ihre Randbemerkungen sollten Sie so formulieren, dass aus ihnen der Aufbau des Briefes nachvollziehbar wird (Gehen Sie bei Sachtexten von der Gliederung aus, die Sie von Erörterungen kennen). Zusammen mit der Gliederung des Textes sollten Sie eine wertende Inhaltswiedergabe versuchen. Sie sollten bei der Textgliederung darauf achten, ob der Text vollständig oder gekürzt oder stark gekürzt ist. (Der vorliegende Brief ist gekürzt, daher lässt sich der Aufbau nur ansatzweise erarbeiten.)

Vorbemerkung:
- Auffälliger Anfang – Herausgeberfiktion (vgl. auch Schluss – Bacon in der 3. Person, „den ich an Bacon" schreibe), ohne dass der Herausgeber

Briefanfang und Anrede

erkennen lässt, welche Position er in diesem Zusammenhang hat.
- Zwischen diesem Anfang und dem eigentlichen Brief gibt es keinerlei Übergang, weder typologisch noch durch Zeichen.
- Erst jetzt wird durch Anrede und durch den Bezug zum Empfang eines Briefes erkennbar, dass es sich um einen Brief handelt.
- Doppelte Fiktion, denn der Brief Bacons existiert ebenfalls nicht.
- Lateinisches Zitat – dient der Demonstration der Gelehrsamkeit, zugleich Archaismus (deutet auf die Renaissance).

Darstellung seines Zustands
- Allgemeine Unfähigkeit, zusammenhängend zu denken und zu sprechen.
Widerspruch – offensichtlich kann Chandos jedoch diesen Brief schreiben.

Beschreibung der Entwicklung dieser Krise
- Zunehmendes Unbehagen Wörter zu verwenden.
- Urteile und Bewertungen können nicht mehr formuliert werden.

Veranschaulichung durch Vergleich: die Sprache scheint zu vermodern wie Pilze.
Beispiel: Darstellung des Problems am Beispiel eines Gesprächs mit seiner 4-jährigen Tochter.

Fortsetzung der Darstellung der Krise
- Werturteile werden unmöglich.
- Sprache vermag den Anforderungen an differenziertes Urteilen nicht mehr zu genügen.

Veranschaulichung durch Vergleich: Vergrößerungsglas = Verlust der eindeutigen Dimensionierung von Beobachtungen.
Weitere Veranschaulichung durch mehrere Bilder (Zerfall in Teile, Wasserwirbel, Augen).

Hinweis auf den gegenwärtigen Zustand (Präsens)
- Einfache Dinge scheinen, ohne dass über sie nachgedacht werden muss, positive Gefühle hervorzurufen.

4. Sprachanalyse

Vorarbeit zur Sprachuntersuchung (Im Folgenden werden nur einige Beispiele für die einzelnen Kategorien angeführt).

Tipp

Die Sprachuntersuchung ist immer der schwierigste Teil einer Klausur.

Mit der folgenden Tabelle möchten wir Ihnen ein Grundgerüst für eine Sprachuntersuchung an die Hand geben.

Unterstreichen Sie bei Ihren Hausaufgaben und Klausuren zunächst Wörter, Wortgruppen, Sätze, die Ihnen sofort auffallen. Markieren Sie die einzelnen sprachlichen Auffälligkeiten mit unterschiedlichen Farben (Orientieren Sie sich an den Kategorien der Tabelle!).

Beschränken Sie sich bei der Analyse der sprachlichen Mittel auf die **textprägenden Elemente**; überlegen Sie dann, welche **Wirkung** diese sprachlichen Besonderheiten erzielen. *(Die folgende Tabelle können Sie übrigens für alle Textarten verwenden.)*

Wenn Sie mehrfach Hausaufgaben mithilfe dieser Tabelle gemacht haben, wird sich Ihre Fähigkeit zur Beobachtung und Beurteilung sprachlicher Merkmale deutlich verbessern, Sie werden bemerken, dass Sie von Mal zu Mal mehr sprachliche Aspekte beobachten.

Kategorie	Sprachliche Einordnung	Funktion bzw. Wirkung
1. Wortwahl	1. **Wortarten** – *Welche Wortarten treten gehäuft auf? Welche Wortart fällt auf?* Pronomen – Personal- und Possessivpronomen	1. verdeutlicht einerseits die enge Beziehung beider Partner, zugleich die sehr starke Ausprägung auf die eigene Person = Ichaussagen („ich", „mein") = Verdeutlichung der Beziehung und der eingeengten Perspektive,
	Anfangs gehäufte Anrede („Sie"),	zugleich dialogisches Prinzip
	Nomen: im 1. Teil Abstrakta – Geist, Seele, Körper,	1. Teil – Problem der Bezeichnung und der Wertung mit Sprache
	zum Schluss hin Konkreta – Egge, Gießkanne	Schluss: Zufriedenheit beim Anschauen von Einfachheit der Umgebung, Neuorientierung an Gegenständen
	qualifizierende, wertende Adjektive: gut, schlecht, böse, lügenhaft, löchrig	Die Adjektive verweisen darauf, dass Wertungen nicht mehr nachvollziehbar sind, die Wertungen werden von der Allgemeinheit vorgenommen.
	2. **Schlüsselwörter** – „sprechen", "Wörter", „zerfallen", „Urteil", „innerlich", „Inneres", „scheinen"	2. Diese wiederkehrenden Wörter weisen auf die zentrale Thematik des Briefes hin = Verstärkung, Eindringlichkeit.
	3. **Darstellungsart:** *sachorientiert – gefühlsbetont; präzise – unbestimmt,*	3. Akzentuierung der individuellen Krise, die jedoch keinerlei erkennbare, nachvollziehbare Ursachen zu haben scheint, damit sprachlich eher unbestimmt bleibt, während die Bewältigung der Krise deutlich sachorientiert ist (s. o.).
	– z. T. vage Darstellung „kaum", „allmählich" , „irgendetwas" ,„irgendwelche" – Gegensatz:	
	präzise Definition des zentralen Problems	
	insgesamt sehr stark gefühlsbetont (vgl. auch Bilder)	

II. Sätze	**1. Satzarten:** *Frage-, Aufforderungs-, Aussagesätze, Wunschsätze; Satzlänge, Satzstruktur* – Der Brief enthält vor allem Aussagesätze, auffällig ist die sehr unterschiedliche Satzlänge (die Beispiele für das Versagen der Sprache werden häufig in knappe Aussagesätze gekleidet.) **2. Morphosyntaktische Merkmale:** *Modus (Indikativ, Konjunktiv) Tempus (Präsens, Präteritum etc.)*	Tendenz des Briefes ist zunächst die Information über die Sprachkrise. Die Beispiele für diese Krise werden entweder metaphorisch oder sachlich knapp vorgetragen = Information und Überzeugung des Briefpartners; zugleich finden sich verstärkt Wunschsätze 1. Teil – Präsens – Antwort auf den Brief Diagnose des gegenwärtigen Zustands Präteritum – Entwicklung des Zustandes (dazwischen immer wieder Anreden an den Partner im Präsens = Aufrechterhalten der Brieffiktion) Rückkehr in die Gegenwart – Bewältigung der krisenhaften Situation
III. Satzverknüpfungen	*Parataxe, Hypotaxe, mit Verknüpfungen (syndetisch), ohne Verknüpfungen (asyndetisch),* Der Text weist einen sehr komplizierten, hypotaktischen Satzbau auf, nur im letzten Teil findet sich eine einfache Aufzählung.	Der Satzbau steht in seiner Komplexität im deutlichen Gegensatz zu der angesprochenen Sprachkrise. Dabei ist zu beachten, dass der Briefschreiber vor allem darauf hinweist, dass die Wörter nicht mehr tragfähig scheinen.
IV. Bildbereich und Rhetorik	**Vergleiche, Metaphern, bildhafte Ausdrücke, Personifikation** – Vergleiche (treten gehäuft auf): „wie Pilze", „wie ... Rost", „wie mit einem Vergrößerungsglas"	Anschaulichkeit, Emotionalisierung (zerfressender Rost, vermodernde Pilze) und überraschende Perspektiven assoziativer Sprachstil, Intensivierung der Vorstellung (von möglicherweise nicht Darzustellendem!)

	Metaphern: „zuströmende Begriffe" „schillernde Färbung" „Worte schwammen um mich", „gerannen zu Augen", „Wirbel"	
	Wortfiguren, Satzfiguren, Gedankenfiguren etc.	
	In dem Text lassen sich zahlreiche rhetorische Mittel wie (Wiederholungen, Correctio, Häufung, Anaphern, Aufzählungen) finden.	Die große Anzahl rhetorischer Elemente steht im Gegensatz zur Aussage, dass der Briefschreiber ein Problem hat, „zusammenhängend zu denken oder zu sprechen".
V. Sprechhaltung	**Verhältnis des Verfassers, des Autors zur Sache und zu seinem Adressaten**	
	Chandos als Verfasser: sehr emotional, versucht sein Problem durch Vergleiche, Metaphern auszudrücken,	Durch die Darstellung wird der Leser einerseits miteinbezogen (als sei er der Empfänger), zugleich wird die krisenhafte Situation sehr anschaulich
	hat eine sehr emotionale Bindung an den Briefempfänger, Schlussformel misslingt	
	Erzähler – taucht unvermittelt am Anfang auf (Hrsg?) –	

C) Interpretation und Wertung

1. Chandos als „Verfasser"

Deutung des Briefes

- Chandos beschreibt das Versagen seiner Sprache sowohl in abstrakten als auch in alltäglichen Zusammenhängen zu denken und zu sprechen.
- Dies gelingt ihm im Brief überaus gut, wie die Komplexität der Sätze, die Stilebene, die Metaphorik usw. beweisen, allerdings bleibt die Darstellung häufiger ungenau im sprachlichen Zugriff und greift verstärkt zu einer bildhaften Sprache.
- Damit macht Chandos unbewusst (Hofmannsthal dagegen bewusst) deutlich, über welche Ausdrucksbereiche Sprache verfügt, sie kann Wirklichkeit unmittelbar, aber auch bildhaft wiedergeben und darstellen.
- Damit wäre eine Kongruenz von sprachlicher Vermittlung und Thematik hergestellt.
- Diese Kongruenz zeigt sich zum Schluss noch einmal deutlich, als Chandos seine neuen Beobachtungen und seine Zukunft formuliert: Die einfachen Gegenstände, Ereignisse und Dinge werden in einem einfachen Satz mit gehäufter Aufzählung, also sprachlich auch einfach, vermittelt. Sprache erfasst hier noch das Äußere, gibt aber keine wertenden Urteile ab.
- Beim Betrachten des Einfachen stellen sich bei Chandos glückhafte Momente dar.
(Vergleichsmöglichkeit zu Goethes Brief-Roman: Die Leiden des jungen Werther)
- Das **sprachphilosophische Grundproblem**, das sich hinter dieser Krise verbirgt, ist die Frage nach dem Verhältnis der Sprache zu den Gegenständen der Wirklichkeit, die Bedeutung der Sprache für das Individuum (und die Gesellschaft, die sich ja nach wie vor wertend und urteilend unterhält). Zugleich wird das Thema Denken und Erkennen, sowie Erfahren und Handeln angesprochen.
- Chandos gelingt weder der denkende Zugriff zur Wirklichkeit noch der sprachliche, da das Gedachte sich in immer kleinere Teile zerlegt, so dass es sich auch nicht mehr äußern lässt.

- Mögliche Hinweise auf Humboldts Sprachtheorie
- Wenn dieses Thema behandelt wurde, kann hier auch auf die sprachwissenschaftlichen Ideen von Saussure eingegangen werden: Verknüpfung der Lautgestalt (Eimer) mit der Vorstellung.

2. Hofmannsthal als Autor – Epochenumbruch um 1900

Hofmannsthal und Epochenumbruch um 1900

Realismus und Naturalismus glaubten noch, die Wirklichkeit exakt „abbilden" zu können; Probleme, die sich dabei ergaben, waren eher dem Autor anzulasten als der Sprache.
(vgl. Arno Holz: Kunst = Natur – x)

- Dagegen entwickelt sich etwa seit 1900 das Gefühl, dass
  - einerseits die Sprache des 19. Jahrhunderts die moderne Welt nicht mehr hinreichend erfasse,
  - andererseits dieser Sprachgebrauch auch den technischen, wissenschaftlichen Umbruch behindere.
- Damit wird auch erklärbar, warum Hofmannsthal die Umbruchzeit um 1600 wählt, seine Leser können diesen Epochenumbruch mit der eigenen Zeit vergleichen.
- Die Entwicklung, die sich hier andeutet, wird im Expressionismus zum grundlegenden Problem.
- Die abschließende Frage, ob dieser Brief eine Krise von Hofmannsthal widerspiegelt, kann nur gestellt, nicht aber beantwortet werden. *(Sollte Hofmannsthal im Unterricht behandelt worden sein, so ergibt sich aus seiner schriftstellerischen Praxis, dass dieser Brief keineswegs seine Krise, sondern eine Sprachskepsis der Zeit beinhaltet.)*

2. Teil – Wirklichkeitsbegriff von Chandos/Hofmannsthal im Vergleich zu Schneider

1. Schneiders Wirklichkeitsbegriff im Hinblick auf die Aussagen von Chandos

- Chandos als fiktiver Schreiber des Briefes reflektiert erst nach seiner Sprachkrise den Begriff „Wirklichkeit" und die Möglichkeiten der Sprache, „Wirklichkeit" abzubilden. Schneiders Ausgangsthese bezweifelt schon im ersten Zugriff, dass es „die Wirklichkeit gibt". Gemeint ist damit die für jeden unzweifelhaft gleichartig wahrgenommene Realität.
- Schneider präzisiert seine These, indem er unterschiedliche Wahrnehmungen, verschiedene Blickwinkel auf die Realität formuliert und schlagwortartig zusammenfasst.
- Im Gegensatz zu Chandos dürfte Bacon als Wissenschaftler sich schon wesentlich länger mit der „objektiven Realität" auseinander gesetzt haben. Vielleicht sind ihm dabei schon früher Zweifel an der Erfassbarkeit der „objektiven Realität" gekommen.
- Chandos überkommen vor allem Zweifel gegenüber abstrakten Begriffen wie „Seele" oder „Geist". Seine Skepsis betrifft somit das, was Schneider „die subjektive Realität eines Kulturkreises" nennt.
- Aber auch gegenüber der „subjektiven Realität einer sozialen Gruppe" entwickeln sich die Vorbehalte von Chandos. Ihn überkommen immer deutlicher Zweifel gegenüber den politischen Aussagen, die nur von kleinen sozialen Gruppen getroffen und verstanden werden.
- Schließlich versagt auch der sprachliche Zugriff gegenüber der „subjektiven Realität des Individuums", wenn Chandos versucht, die kleine Lüge seiner Tochter mit seiner eigenen subjektiven Realität in Übereinstimmung zu bringen. Er entwickelt keinerlei differenzierte Einschätzung über die von seiner Tochter möglicherweise wahrgenommene Realität.

- Erst die Akzeptanz der Realität seiner eigenen sozialen Gruppe, die er zunächst ironisch ablehnt, innerlich jedoch offensichtlich annimmt, lässt Chandos zu einer Wirklichkeit zurückkehren, die aus der Beobachtung der einzelnen Teile ein subjektives Wohlbefinden zieht.

2. Hofmannsthals Wirklichkeitsbegriff im Vergleich zu Schneiders Aussagen

- Möglicherweise kritisiert Hofmannsthal mit diesem fingierten Brief, der ja selbst eine „vorgetäuschte Wirklichkeit" darstellt, die „vorgetäuschte Wirklichkeit" der Jahrhundertwende. Eine Wirklichkeit, die er vielleicht als „Irreführung oder Lüge" anstelle der Wahrheit empfindet.
- Gerade die Jahrhundertwende kann man als Anfang einer neuen „Medienrealität" bezeichnen, die Fotografie mit ihrer neuen Wirklichkeitsdarstellung, die Entwicklung der Presse usw. beeinflussen das politische und gesellschaftliche Leben.
- Damit wäre auch die Veröffentlichung dieses „Briefes" in einer Tageszeitung erklärbar.

Texterörterung

1. Vorbemerkung

Neben der Analyse von Sachtexten (Aufgabenart I) und literarischen Texten (Aufgabenart II) ist für die schriftliche Abiturprüfung die **Texterörterung** vorgesehen. Im Lehrplan Deutsch des Landes Nordrhein-Westfalen ist sie folgendermaßen konkretisiert:

> Argumentative Entfaltung eines fachspezifischen Sachverhalts bzw. Problems oder eines Problems, dessen Hintergrund aus dem fächerverbindenden Unterricht bekannt ist, im Anschluss an eine Textvorlage

Aufgabenart III

In der Regel betreffen die Prüfungsthemen also die Bereiche, die Ihnen direkt aus dem Deutschunterricht vertraut sind, nämlich **Sprache, Literatur und Kunst**. Die Gegenstände, mit denen Sie sich auseinander setzen, sind entweder literarische oder pragmatische Texte (Sachtexte). Durch die Begegnung mit ihnen lassen sich Wahrnehmungsweisen, Menschenbilder, Gesellschaftsentwürfe, Wirklichkeitsauffassungen und Denkweisen erschließen und erklären. Es können beispielsweise folgende **Fragen, Thesen und Themen** diskutiert werden:

Aufgabentypus 1

a) Ausgangsbasis: sprach- oder kommunikationstheoretischer Text
- Abschied vom Lesen – Super-Gau unserer Gesellschaft?
- Warum Männer und Frauen aneinander vorbeireden
- Gegen ein „Reinheitsgebot" – Englisch macht Deutsch lebendig

b) Ausgangsbasis: Textbeitrag zur Literaturtheorie
- Wozu sind Gedichte da?
- Zeilenbruch und Wortsalat – Eine Polemik gegen die Laberlyrik
- „Ein Roman ist ein Spiegel, der über die Landstraße wandert"
- Die Schaubühne als moralische Anstalt
- Das Schauspiel – „Vergnügungstheater oder Lehrtheater?"

Aufgabentypus 2

Rezensionen, also **kritische Besprechungen zu einzelnen Romanen, Dramen oder Gedichten**, bilden eine weitere Gruppe von Texten, die innerhalb einer Prüfung eingesetzt werden können. Zu den für das Zentralabitur obligatorischen Gegenständen „Emilia Galotti", „Irrungen, Wirrungen" oder „Der Vorleser", aber auch zu anderen Texten, die Sie im Unterricht analysiert haben, liegen Rezensionen vor, die als Grundlage für eine Erörterung geeignet sind.

Aufgabentypus 3

Daneben sind auch Fragestellungen denkbar, die nicht unmittelbar mit Sprache, Literatur und Kunst zu tun haben, sondern eher übergeordnete Zusammenhänge betreffen, so etwa den „Mythos Technik", den „Mythos Wissenschaft" oder den „Mythos Liebe". Wenn Sie etwa im Grundkurs Deutsch Max Frischs Roman „Homo Faber" (1957) oder Bertolt Brechts Schauspiel „Leben des Galileo" behandelt haben, so lassen sich eine Reihe von Beiträgen mit Reflexionen über die Bedeutung und den Wert von Technik und Wissenschaft darauf beziehen. Vor dem Hintergrund eines Essays über das Wesen der Liebe ließen sich Formen der Deformation und Pervertierung des Liebesgedankens im bürgerlichen Trauerspiel (Beispiel: „Emilia Galotti") oder im bürgerlichen Roman des 19. Jahrhunderts (Beispiel: „Irrungen, Wirrungen") einer näheren Betrachtung unterziehen.

Die **Aufgabenstellung** bezieht sich zum einen auf die Analyse und Bewertung des vorgelegten Textes, zum anderen auf eine eigenständige Erörterung, die über den Rahmen des Textes hinausgeht. Formulierungen entsprechen folgenden Mustern:

mögliche Aufgabenstellungen

- Geben Sie den Argumentationsgang des Textes wieder, erläutern Sie die einzelnen Aussagen durch eigene Beispiele und nehmen Sie kritisch Stellung. Beziehen Sie sich bei Ihrer Stellungnahme auf andere Ihnen bekannte Positionen.
- Setzen Sie sich mit den Überlegungen des Autors auseinander: Fassen Sie den Gedankengang des Textes zusammen, prüfen Sie einzelne Argumente und erörtern Sie das Problem.

Arbeitsschritte

Ihre Arbeit umfasst immer **drei Schritte**:
1. Wiedergabe: Erfassen des Gedankengangs des Autors
2. Prüfung: Auseinandersetzung mit den Argumenten
3. Erörterung: weiterführende Diskussion der Problemfrage

2. Checkliste

- Definition der Textsorte: Welche Textart liegt vor? (z. B. Kommentar, Essay, Rede, Rezension eines Buches/eines Theaterstücks usw.)
- Sofern Ihnen bekannt: In welchem Verwendungszusammenhang ist der Text verfasst worden? (z. B. Verleihung eines Literaturpreises, Reaktion auf ein aktuelles politisches oder kulturelles Ereignis usw.)
- Adressatenbezug: An wen richtet sich der Text? (z. B. Zeitungsleser, Schüler usw.)
- Welches Thema/welcher Problemzusammenhang steht im Mittelpunkt des Textes? (z. B. Bedeutung von Bildung in der modernen Gesellschaft, Einfluss der Medien auf die Meinungsbildung der Öffentlichkeit usw.)
- Wie lautet die Hauptaussage/These des Autors/der Autorin?
- Welche Argumente werden von ihm/von ihr geltend gemacht?

- Weist die Abfolge der Argumente Besonderheiten auf?
- Frage nach der Wirkungsabsicht: Welche sprachlichen Besonderheiten weist der Text im Hinblick auf die Sprachebene (Umgangssprache, Wissenschaftssprache usw.) sowie in Bezug auf Wortwahl und Satzbau auf? Welche rhetorischen Mittel erkenne ich wieder? In welcher Absicht sind sie eingesetzt?
- Beziehe ich mich in meinen Argumenten und Lösungsansätzen zu dem angesprochenen Problem auf die Gedanken innerhalb der Textvorlage zurück? Enthält meine Stellungnahme demnach eine einleitende Bewertung und Würdigung der Argumente, die innerhalb der Textvorlage geltend gemacht werden?
- Zur Schreibhaltung: Sind meine Ausführungen durch einen Ton der Nüchternheit und Distanz geprägt? Bemühe ich mich in meiner Stellungnahme um Objektivität?
- Zum Stil: Sind meine Formulierungen verständlich und in einer Weise gestaltet, die Leser neugierig macht, ihr Interesse wach hält und sie im Hinblick auf die Darstellung der eigenen Meinung überzeugt?

- Ist meine Stellungnahme logisch begründet und argumentativ haltbar? Ist die Entwicklung meines Gedankenganges folgerichtig? Ist mein Urteil begründet?
- Sind meine Argumente durch Beispiele gestützt?
- Gelange ich in einem abschließenden Fazit ggf. zu einer übergreifenden Lösung der Frage/des Problems?

3. Beispielaufgabe

Aufgaben:
1. Analysieren Sie kurz den folgenden Text im Hinblick auf seine inhaltliche und sprachliche Darstellung der Maßnahmen zur Stärkung des Bairischen.
2. Erörtern Sie ausgehend von dem Zeitungsartikel Sinn und Unsinn von Sprachschutzmaßnahmen unter besonderer Berücksichtigung der Tatsache, dass zunehmend englische Wörter die deutsche Sprache durchsetzen.

Aufgabenart III – Argumentative Entfaltung eines fachspezifischen Sachverhalts im Anschluss an eine Textvorlage

Bezug – Lehrplan:
Jahrgangsstufe 12.2 – 2. Unterrichtsvorhaben: Sprachstrukturen und Sprachfunktionen –
Umgang mit Texten: sprach- und literaturtheoretische Sachtexte; Essay
Jahrgangsstufe 13.1 – 2. Unterrichtsvorhaben: Kunstkritik, Kulturkritik, Sprachskepsis, Medienkritik
Reflexion über Sprache – Sprache und Denken – Sprache und Wirklichkeit; Sprachkritik

Vorgaben Abitur Deutsch 2007:
Reflexion über Sprache: Rhetorik – öffentliche Rede

Hannes Hintermeier
Hirnschmalzforschung – Innere Mehrsprachigkeit: Bayern stärkt die Dialekte

Am Anfang war die Sprachbarriere. Da redeten die einfachen Leute im „restricted code" und die Bessergestellten den „elaborated code". So lehrte es die Sprachwissenschaft, und die Didaktik[1] half, diese Trennlinie zu betonieren. Dialektsprecher galten auf dem Karriereweg als blockiert, weshalb man Generationen von Schülern in den südlichen Landesteilen einimpfte, sie würden auf ewig Hinterwäldler[2] bleiben, wenn sie sich nicht des Hochdeutschen befleißigten. Die Lektion wurde mehr als gründlich verinnerlicht, der Dialekt blieb auf der Strecke.

Im Großraum München ist er auf einer Schwundstufe angelangt; das Hochdeutsche hat sich dort in einem Ausmaß verbreitet, daß[3] man in München schätzt, nur noch zwei Prozent der Kinder beherrschen das Bairische. Die Unesco nennt eine Sprache dann bedroht, wenn weniger als dreißig Prozent des Nachwuchses über sie verfügen. Im Vormarsch ist dagegen das „Käferzelt-Bairisch"[4], wie es der Sprachforscher Bernhard Stör bei Prominenten à la Franz Beckenbauer und Uschi Glas[5] diagnostiziert. In München steht zwar ein Hofbräuhaus, aber eine Stiege steigt dort schon lange keiner mehr hinauf, hier gehen alle nur die Treppen hoch. Das nennt man Anpassung an die Standardsprache.

Deswegen werden die Alarmrufe immer lauter, vermutlich deswegen hat sich jetzt ein Dreigestirn[6] der Sache angenommen: die CSU-Regierung, vertreten durch das Ministerium für Unterricht und Kultur, das Staatsinstitut für Bildungsforschung und Schulqualität sowie der Bayerische Rundfunk. Bei soviel quasi höchststaatlicher Kompetenzballung kann eigentlich nichts mehr schiefgehen – Bairisch, möchte man rufen, der „linguistic turn"[7] ist eingeläutet! Ab sofort sollen Kinder ab dem Vorschulalter wieder so schnabeln, wie ihnen der Dialekt gewachsen ist. Daß man, wie es eine Münchner Sage will, eine Kindergärtnerin entläßt, weil sie mit ihrem Dialekt den Kindern nicht zuzumuten gewesen sei, soll nicht mehr vorkommen.

Schluß mit Stigmatisierung[8] und Diskriminierung! ruft Albin Dannhäuser, Präsident des Bayerischen Lehrer- und Lehrerinnenverbandes. Und Schulminister Siegfried Schneider ergänzt, nicht nur habe die Hirnforschung herausgefunden, daß Dialektsprecher über zusätzliche Register verfügten – man habe schließlich auch einen Verfassungsauftrag zu erfüllen. Unter „Ziele der Bildung" heißt es in Artikel 131, 3, die Schüler seien „in der Liebe zur bayerischen Heimat" zu erziehen, und dazu zähle auch die Liebe zur Sprache.

Zweihundertachtzehn Seiten stark ist die Handreichung für den Unterricht „Dialekte in Bayern", die an jede der rund fünftausend bayerischen Schulen in den drei Dialekträumen (Fränkisch, Schwäbisch, Bairisch) geschickt wurde. Eine zehnteilige BR[9]- Sendereihe ergänzt die Bemühungen, den Patienten wieder auf den Weg der Genesung zu führen. Freilich, an konkrete Stundenzahlen oder an die Einführung eines eigenen Faches ist nicht gedacht. Keinesfalls wolle man „Bairisch für Preußen" anbieten, so der Minister. Im Gegenteil: Die Dialekte der Zugereisten, sofern sie denn über einen verfügen, sollen auch berücksichtigt werden.

Integration allerorten. Die „Heimsprache" müsse unbedingt gestärkt werden, das empfiehlt auch der Münchner Sprachwissenschaftler Wolfgang Schulze: Gleichgültig, ob ein Kind bairisch, schwäbisch, fränkisch, preußisch oder migrantisch spricht – die Schule dürfe nicht länger den Gegensatz zwischen Heim- und Normsprache betonen, sondern die Ausdrucksmöglichkeiten in beiden sprachlichen Registern fruchtbar machen. Selbstredend bleibt die fehlerfreie Beherrschung der Hochsprache auch im Freistaat Ziel des Unterrichts.

In der Praxis sollen etwa mundartliche Comics gezeichnet werden, Lieder von Musikern wie Haindling und Ringsgwandl[10] analysiert und nachgedichtet werden; der Bayerische Sprachatlas wird für regionale Variantenkunde beigezogen, Schimpfwörter können helfen, Charakterbilder zu zeichnen („Letschnbene") […].

Das politische Engagement sollte man dennoch nicht als Indiz für eine neue Verseppelungswelle[11] werten. Es geht nicht um eine weitere Mir-san-mir-Einlage[12], sondern um eine längst überfällige Besinnung auf den Reichtum einer Sprache, deren Wurzeln bis in die Antike reichen und die man seit der Einführung des Hochdeutschen über Gebühr geschmäht hat. „Innere Mehrsprachigkeit" lautet nun das hehre Unterrichtsziel. Hoffentlich verkommt es auf dem Anpassungswege nicht zum „inner talking".
(600 Wörter)

aus: Frankfurter Allgemeine Zeitung vom 03.02.2006, S.33

[1] Didaktik: Unterrichtslehre
[2] Hinterwäldler: abfällige Bezeichnung für Menschen ohne Weltgewandtheit und Bildung
[3] die FAZ hat die alte Rechtschreibung aus der Zeit vor der Rechtschreibreform beibehalten
[4] Käferzelt-Bairisch: Das Käferzelt ist eine Festhalle des Münchener Oktoberfestes. Der Ausdruck „Käferzelt-Bairisch" ist eine ironische Bezeichnung für einen Pseudo-Dialekt
[5] Uschi Glas: Schauspielerin (geb. 1944) aus Bayern
[6] Dreigestirn: Gruppe von drei Sternen, Personen oder Bergen
[7] linguistic turn: allg. für ‚Sprachwende'; konkret: philosophische Auffassung, dass es ohne Sprache keine Wirklichkeit gibt
[8] Stigmatisierung: Brandmarkung, Anprangerung, Verurteilung
[9] BR: Bayerischer Rundfunk (Radio- und Fernsehsender für Bayern)
[10] Haindling und Ringsgwandl: bayrische Pop- und Volksmusiker
[11] Sepp(el): bairische Namensform für Joseph
[12] mir san mir: dialektsprachliche Form des hochdeutschen ‚wir sind wir' als Ausdruck des bairischen Selbstbewusstseins
[13] Feuilleton: Kulturteil einer Zeitung

4. Lösungsentwurf

Gliederung der Texterörterung

Aufgabe 1: Analyse des Textes
- Einleitung: Autor, Titel, Quelle, Thema
- Inhalt
- Form
- Bewertung

Aufgabe 2: Erörterung
- Überleitung
- Darlegung des Problems und
- Formulierung der Frage nach Sinn und Unsinn
- von Maßnahmen gegen Anglizismen
- Argumente für Maßnahmen
- Argumente gegen Maßnahmen
- Schluss

In seinem **Beitrag** im **Feuilleton** der **Frankfurter Allgemeine Zeitung** vom **3. Februar 2006** stellt **Hannes Hintermeier** die gegenwärtigen **Versuche zur Stärkung des Fränkischen, Schwäbischen und Bairischen** durch das Ministerium für Unterricht und Kultur, das Staatsinstitut für Bildungsforschung und Schulqualität sowie durch den Bayerischen Rundfunk dar.	**Textanalyse** **Einleitung**
Die Aktivitäten dieser hochrangigen politischen, wissenschaftlichen und medialen Institutionen in Bayern dienen dem **doppelten Ziel, dem Dialekt wieder eine stärkere Bedeutung gegenüber dem Hochdeutschen auf der einen und dem „'Käferzelt-Bairisch' […] à la Franz Beckenbauer und Uschi Glas" auf der anderen Seite zu verleihen.**	**Inhalt**
Der „Stigmatisierung und Diskriminierung" soll aus **mehreren Gründen** begegnet werden. Da ist zunächst einmal die **negativ bewertete Tatsache, dass der Dialekt in dramatischer Weise an Bedeutung verliert** und beispielsweise im „Großraum München […] auf einer Schwundstufe angelangt" ist. Seit der Einführung des Hochdeutschen sei der Dialekt „über Gebühr geschmäht" worden, obwohl „seine Wurzeln bis in die Antike reichen." Zugleich liefert die Hirnforschung **positive Hinweise darauf, dass „Dialektsprecher über zusätzliche Register" verfügen.** Indem an den etwa 5000 bayerischen	

Schulen der „Gegensatz zwischen Heim- und Normsprache" durch eine Vermittlung der „Ausdrucksmöglichkeiten in beiden sprachlichen Registern" aufgehoben werde, erfülle sich die „längst überfällige Besinnung auf den Reichtum einer Sprache". Mit dem Unterrichtsziel der ‚inneren Mehrsprachigkeit' sollen die Heranwachsenden nach dem Willen der Landesregierung über die „Liebe zur Sprache" zugleich „'in der **Liebe zur bayerischen Heimat'**" bestärkt werden.

Der Verfasser des Zeitungsartikels listet **praktische Maßnahmen** auf, die **zum Erreichen des Ziels** geplant sind. Dazu zählen etwa das Zeichnen mundartlicher Comics, die Analyse und Nachdichtung von Volksliedern oder die Beschäftigung mit dem Bayerischen Sprachatlas im Unterricht.

Form   Bereits mit seinem Titel („Hirnschmalzforschung") signalisiert der Autor eine wiederholt unverhüllte **Distanz** zu den Bemühungen um eine Stärkung der Dialekte in Bayern. An einzelnen Stellen des Textes wird ein entsprechend **ironischer Ton** deutlich, wenn Hannes Hintermeier etwa „das Dreigestirn", das „sich der Sache angenommen hat", als „quasi höchststaatliche[ ] Kompetenzballung" bezeichnet. Wenn man weiß, dass der ‚linguistic turn' ein wissenschaftlicher Ausdruck ist, der meint, dass Welt und Wirklichkeit das Ergebnis einer sprachlichen Konstruktion sind, so erkennt man als Leser zwischen dem sprachtheoretischen Anspruch und dem Einsatz für eine neue Mundartkultur in Bayern ein Missverhältnis. Der Ausdruck ‚linguistic turn' ist eine Form der **Übertreibung**, welche die „Alarmrufe" angesichts der ‚Ausbreitung' des Hochdeutschen und den Ruf nach einer „'Heimsprache'" ins Lächerliche zieht.

Der Autor illustriert seine Darstellung durch eine Reihe von Bildern („Eine zehnteilige BR-Sendereihe ergänzt die Bemühungen, den Patienten wieder auf den Weg der Genesung zu führen.") und **Metaphern** („Hirnschmalzforschung", „Verseppelungswelle").

Bewertung   Auch wenn der **wortspielerische Umgang mit Bibelzitaten** („Am Anfang war die Sprachbarriere.") und **mit Redensarten** (die Kinder „schnabeln, wie ihnen der Dialekt gewachsen ist.") einen ungezwungenen und amüsierten Umgang mit dem Problem erkennen lässt, so bleibt der Autor trotz seiner **Ironie** insgesamt den Tatsachen verpflichtet. Daten und Fakten dokumentieren den Gesamteindruck einer wenn auch nicht sachlichen, so doch **informierenden Darstellung**. Insbesondere im Schlussteil fasst der Autor die Ziele einer Stärkung der Dialekte in einer Formulierung zusammen, welche die Annahme einer einseitig polemischen Wendung gegen die bayerische Sprachpolitik aufhebt. In dem Satz „Das politische Engagement sollte man dennoch nicht als Indiz für eine neue Verseppelungswelle werten." ist vielmehr eine gewisse **ernsthafte Sympathie für das Anliegen** spürbar.

Im Schlusssatz des Textes bringt Hannes Hintermeier seine Hoffnung zum Ausdruck, dass „das hehre Unterrichtsziel" der inneren Mehrsprachigkeit in Bayern nicht „auf dem Anpassungswege […] zum ‚inner talking'" verkommt. Er deutet damit an, dass nicht das Verschwinden der deutschen Dialekte, sondern vielmehr die **Durchdringung der deutschen Sprache durch englische Wörter** zu einer Gefahr werden könnte.

Erörterung

Überleitung

Während ein **Dialekt** ‚lediglich' eine regionale Variante der Hoch- und Normsprache darstellt und in erster Linie von älteren Angehörigen der Unterschicht in Alltagssituationen der mündlichen Kommunikation verwendet wird, repräsentiert **das Hochdeutsche** eine nationale und übernationale Schriftsprache, die für alle Mitglieder der Sprachgemeinschaft eine verbindliche Basis der Verständigung ist. So wichtig also auch das Engagement für den Erhalt der Mundarten im Hinblick auf eine innere sprachliche und kulturelle Vielfalt sein mag, so weitaus bedeutsamer für die Gewährleistung sprachlicher Einheit sind auf der anderen Seite Maßnahmen gegen die Überflutung des Deutschen durch Anglizismen.

Die **Sprachgeschichte des Deutschen** ist bestimmt durch eine **Fülle von Entlehnungen**, die im Ergebnis zur Ausbildung der deutschen Gegenwartssprache als einer Mischsprache geführt haben. Eine große Zahl von Wörtern, die heute selbstverständlicher Bestandteil des Hochdeutschen sind, entstammen in ihrem Ursprung fremden Sprachen wie zum Beispiel dem **Lateinischen** (*Fenster, Keller, Mauer, Kloster usw.*), dem **Griechischen** (*Horizont, Horoskop, Chor, Gramm*), oder dem **Französischen** (*Zigarette, Restaurant, Hotel, Champion*). Zum momentanen Zeitpunkt lässt sich jedoch feststellen, dass der Grad der Durchdringung des Deutschen insbesondere durch **das Englische** ein Ausmaß erreicht hat, welches möglicherweise eine direkte **Intervention gegen die Entwicklung**

das Problem

des **Denglisch und des Eurospeak** und damit gegen die **Pidginisierung des Deutschen** notwendig macht. Durch die **Globalisierung** und durch kommunikationstechnologische Entwicklungen wie etwa das **Internet** verstärkt sich die **Anglisierung des Deutschen** zusätzlich. Begriffe wie *Info-Point, cool, downloaden, Shop* oder *Standby* – um nur einige unter einer ungeheuer großen Gesamtzahl zu nennen – gehören inzwischen zur Alltagssprache.

Wie jedoch soll man der Beeinflussung einer Sprache durch fremdsprachliche Elemente begegnen?

> Anm.: die Argumente pro – contra sind im Folgenden in einer Liste notiert, die im Rahmen einer Klausur in einen zusammenhängenden Text umgewandelt werden müsste.

Befürwortung von Gegenmaßnahmen

- Die Fülle der Anglizismen gefährdet die Funktion der Sprache als gemeinsamem gesellschaftlichem Verständigungsmittel beispielsweise zwischen verschiedenen Generationen oder Kulturen.
- Die Sprache verarmt durch eine Vielzahl von Anglizismen, die unnötig sind, weil sich das Bezeichnete auch in Deutsch ausdrücken lässt (Beispiele: *Event, Statement, Highlight, Outfit*).
- Angloamerikanische Wörter und Wendungen dienen der Selbstinszenierung der Sprecher; sie haben also eine bloße rhetorische Funktion und vermitteln keine wirklichen Inhalte, sondern sind Worthülsen.
- Der Verzicht auf die Ausdrucksmöglichkeiten der eigenen Sprache führt zur Selbstentmündigung der Sprecher bzw. Schreiber und zur Entmündigung der Hörer bzw. Leser.
- Der extreme Gebrauch von Anglizismen etwa in der Werbung stellt eine Form der Überanpassung an gesellschaftliche Zwänge dar; diese Überanpassung wird insbesondere in Wortschöpfungen deutlich, die überhaupt nicht englischen Ursprungs sind (Beispiele: *Handy, Dressman, Talkmaster*).
- Die ungebremste Zulassung fremder Einflüsse auf die deutsche Sprache bedeutet eine kritiklose Anerkennung der politischen und wirtschaftlichen Vormachtstellung der USA sowie des American way of life. Der Import von Anglizismen schwächt somit die sprach-

liche und kulturelle Eigenständigkeit des eigenen Landes.
- Eine selbstbewusste Sprachenpolitik, die den Gebrauch des Deutschen in Wissenschaft und Forschung, in der Werbung, in Firmen und Institutionen oder in den Medien propagiert, schützt aktiv die eigene Sprache. (Beispiel: Frankreich regelt mit staatlichen Gesetzen erfolgreich den ansonsten unkontrollierten Gebrauch englischer Wörter innerhalb der französischen Sprache und schafft so bei der Bevölkerung ein Problembewusstsein und eine größere Sprachloyalität).

- Die Geschichte des Sprachpurismus seit dem 17. Jahrhundert in Deutschland zeigt, dass normative Versuche der Verdeutschung von Fremdwörtern in aller Regel erfolglos blieben (Beispiele: Gesichtserker für Nase, Haarkräusler für Friseur).
- Formen der Eindeutschung sind mitunter problematisch (Beispiel: Einleser statt Scanner kann zu Missverständnissen führen)
- Die deutsche Gegenwartssprache ist das geschichtliche Produkt einer schon immer bestehenden Beeinflussung durch Fremdwörter.
- Anglizismen beschädigen das grammatische Regelsystem der deutschen Sprache nicht, sondern integrieren sich im Laufe der Zeit in die Strukturen des Deutschen.
- Die Mehrheit der Deutschen akzeptiert den Gebrauch von Anglizismen nicht aus dem Gefühl der Unterlegenheit gegenüber dem American way of life, sondern vielmehr, weil sie die amerikanische Kultur bis zur Bewunderung anerkennt.
- Ein Beharren auf der Reinheit der Sprache lässt diese erstarren. Veränderungen der Sprache sind Ausdruck seiner Lebendigkeit.

Ablehnung von Gegenmaßnahmen

Anglizismen lassen sich nicht per Gesetz verhindern, weil die Eigendynamik des Prozesses zu stark ist.
Wie im Fall des bayerischen Dialekts lässt sich aber durch vorsichtige sprachpolitische Maßnahmen und durch mediale Aufklärung ein Problembewusstsein schaffen, das einer exzessiven Beeinflussung des Deutschen durch Anglizismen verhindern hilft

Schluss

3. Teil

Musterklausuren mit Lösungen

Analyse eines Sachtextes mit weiterführendem Schreibauftrag

Aufgabenart I A
Peter Pütz: Formen der Ankündigung – Der Monolog

[...]
Formen der Ankündigung
Der Erzähler blickt jederzeit in die Köpfe und Herzen seiner Personen und teilt dem Leser mit, was sie denken und fühlen, an was sie sich erinnern und was sie planen. Er läßt Figuren mit anderen und mit sich selbst über ihre Empfindungen und Absichten sprechen; denn er ist der absolute Herr über die Zeit und kann beliebig vorwärts- und rückwärtsgreifen. Auch der Dramatiker läßt seine Gestalten auf der Bühne über Vergangenes und Zukünftiges reden, aber nur in begrenztem Maße. Die Gegenwart mehrerer Personen verbietet es unter Umständen, daß Gedanken laut geäußert werden, die sich gegen Anwesende richten und daher besser verborgen bleiben. Ein Erzähler umgeht diese Schwierigkeit leicht, indem er einfließen läßt: „P. aber dachte bei sich ...". Der Dramatiker dagegen will einerseits das Publikum in gewisse Pläne einweihen, andererseits aber einer oder mehreren Personen auf der Bühne den Einblick verwehren. Der offene Dialog ist daher nur dann verwendbar, wenn er zwischen Personen stattfindet, für deren Ohren das Besprochene bestimmt ist. Dann ist die Unterhaltung imstande, zukünftige Ereignisse als erwünschte, erwartete, beschlossene, geweissagte usw. anzukündigen.
Sollen dagegen die verschiedenen Grade des Wissens unter den auf der Bühne anwesenden Personen und dem Publikum – etwa zum Zwecke der Intrige – aufrechterhalten bleiben, dann bedient sich der Dramatiker anderer Ausdrucksmittel als des Dialogs. Er mißachtet dabei die Forderungen der Wahrscheinlichkeit und gehorcht allein denen der dramatischen Spannung. Naturalisten vermeiden die im folgenden behandelten Formen der Ankündigung weitgehend, da sie diese mit der Auffassung vom Theater als einer gespiegelten Wirklichkeit für unvereinbar halten. Solche Bedenken haben weder die antiken Dramatiker noch Shakespeare. Sie scheuen nicht die zwar unrealistischen, aber für die Spannung des Stückes sehr wirkungsvollen dramatischen Formen der Ankündigung. Mit deren Hilfe erfährt der Zuschauer, was in der Hauptsache für ihn gedacht ist und was ihn befähigt, weiter als manche Dramenfigur in die Zukunft vorauszublicken. Solche Sonderinformationen erhält er durch Prologe, Beiseitesprechen und ähnliche Mittel. Sie alle sind imstande, ankündigende Vorkommnisse wie Intrigen auf die Bühne zu bringen.

Der Monolog

Der Monolog hat im Drama vielfältige Funktionen: Er leitet von einer Szene zur anderen über und erfüllt damit die Forderung der klassizistischen Dramaturgie, daß die Bühne keinen Augenblick leer sein darf. Er greift auf die Vorgeschichte zurück und schafft dramatische Exposition. Er resümiert das bisherige Geschehen, überdenkt es, ermöglicht Einblicke in die Seele des Sprechenden, verrät geheimste Gemütsbewegungen und wirkt im Fortgang der Handlung als retardierendes Moment. Eine dramatisch spannende Funktion übt der Monolog aus, wenn er zukünftige Ereignisse ankündigt. Wir sehen ihn oft diese Aufgabe erfüllen und finden ihn daher besonders an Dramenanfängen, dort also, wo die Weichen für späteres Geschehen gestellt werden. Hier kann sich die Dramenfigur dem Zuschauer völlig frei erklären, ohne von anderen Personen auf der Bühne durchschaut zu werden. Das ist besonders wichtig bei geplanten Intrigen, in die das Publikum wenigstens teilweise Einblick erhalten soll. Hätte es nicht zumindest eine Ahnung von dem Bevorstehenden, käme keine Frage und somit keine Spannung auf … Wer monologisiert, hat nicht immer die Fäden in der Hand. Er muß nicht Pläne und Entschlüsse kundtun, sondern kann eine passive Haltung zeigen und trotzdem auf die Zukunft vorausdeuten. […] Wünsche und Gebete richten sich ebenso wie Intrigenpläne auf die Zukunft. Der Monolog ist die einfachste Form, alle ankündigenden Vorkommnisse darzubieten, die nicht für jedermanns Ohren gedacht sind. Durch den gewollten Ausschluß der Öffentlichkeit werden gerade deren Interesse und das des Publikums geweckt. Die Exklusivität des Selbstgespräches macht aufhorchen, und die Erwartung, Bedeutsames zu hören, wird selten enttäuscht.

544 Wörter (Der Text ist um Beispiele aus unbekannten Dramen gekürzt. Das Kapitel wird fortgesetzt mit den Unterkapiteln „Das Beiseitesprechen", „Der Prolog", „Publikumsanrede während des Spiels" und „Aktschluß".)

aus: Peter Pütz, Die Zeit im Drama. Zur Technik dramatischer Spannung. Vandenhoeck und Ruprecht, Göttingen 1970, S. 84 f.

Peter Pütz (1935–2003) studierte Germanistik, Philosophie und Geschichte in Freiburg und Bonn. Promotion (1962) und Habilitation (1969) in Bonn. 1970 Professor für Neuere deutsche Literatur in Gießen, seit 1973 in Bonn. Gastprofessuren in England und den U.S.A.

G. E. Lessing – Emilia Galotti

V. Aufzug – 2. Auftritt

ODOARDO GALOTTI
Noch niemand hier? – Gut; ich soll noch kälter werden. Es ist mein Glück. – Nichts verächtlicher, als ein brausender Jünglingskopf mit grauen Haaren! Ich hab es mir so oft gesagt. Und doch ließ ich mich fortreißen: und von wem? Von einer Eifersüchtigen; von einer für Eifersucht Wahnwitzigen. – Was hat die gekränkte Tugend mit der Rache des Lasters zu schaffen? Jene allein hab ich zu retten. – Und deine Sache, – mein Sohn! mein Sohn! – Weinen könnt ich nie; – und will es nun nicht erst lernen – Deine Sache wird ein ganz anderer zu seiner machen! Genug für mich, wenn dein Mörder die Frucht seines Verbrechens nicht genießt. – Dies martere ihn mehr, als das Verbrechen! Wenn nun bald ihn Sättigung und Ekel von Lüsten zu Lüsten treiben; so vergälle die Erinnerung, diese eine Lust nicht gebüßet zu haben, ihm den Genuss aller! In jedem Traume führe der blutige Bräutigam ihm die Braut vor das Bette; und wann er dennoch den wollüstigen Arm nach ihr ausstreckt: so höre er plötzlich das Hohngelächter der Hölle, und erwache!

aus: G. E. Lessing, Emilia Galotti. Klett Verlag, Leipzig 2004, S. 64

Aufgabenstellung:

1. Analysieren Sie den Text von Pütz „Formen der Ankündigung – Der Monolog" aus seinem Buch „Die Zeit im Drama. Zur Technik dramatischer Spannung".

2. Prüfen Sie die wesentlichen Aussagen von Pütz am Beispiel des 2. Auftritts 5. Aufzug des Dramas „Emilia Galotti" von G. E. Lessing.

Lösungsentwurf

Aufgabenart I A – Analyse eines Sachtextes mit weiterführendem Schreibauftrag.

Bezug – Lehrplan:
Jahrgangsstufe 12.1 – 1. Unterrichtsvorhaben: literarische Formen der Selbstdarstellung und der Selbstverwirklichung des Individuums
Jahrgangsstufe 12.2 – 2. Unterrichtsvorhaben: Sprachstrukturen und Sprachfunktion – **Umgang mit Texten: Epochen, Gattungen:** Essays

Vorgaben zu den unterrichtlichen Voraussetzungen für die schriftlichen Prüfungen im Abitur in der gymnasialen Oberstufe im Jahr 2007
1. Epochenumbruch 18./19. Jahrhundert – unter besonderer Berücksichtigung der Entwicklung des Dramas: G. E. Lessing – Emilia Galotti
2. Reflexion über Sprache

Vorarbeit

1. Machen Sie sich beim Lesen Notizen zur Vorbereitung der Inhaltswiedergabe (siehe Randnotizen).
2. Markieren Sie Gliederungsmöglichkeiten.
3. Achten Sie auf sprachliche Mittel.
4. Stellen Sie die zentralen Thesen heraus.
5. Überlegen Sie, in welcher Form eine „Überprüfung" anhand des Monologs vorgenommen werden kann und unterstreichen Sie im Text wesentliche Aussagen, die sich auf den Monolog von Odoardo beziehen lassen (Diese Elemente sind im folgenden Text fett gedruckt.).
6. Überlegen Sie abschließend, welche grundsätzliche Funktion dieser Monolog innerhalb des Dramas hat.

Vorbereitung des Textes

Peter Pütz: Formen der Ankündigung – Der Monolog.

Formen der Ankündigung

Der Erzähler blickt jederzeit in die Köpfe und Herzen seiner Personen und teilt dem Leser mit, was sie **denken und fühlen, an was sie sich erinnern und was sie planen**. Er läßt Figuren mit anderen und mit sich selbst über ihre Empfindungen und Absichten sprechen; denn er ist der absolute Herr über die Zeit und kann beliebig vorwärts- und rückwärtsgreifen. Auch der Dramatiker läßt seine Gestalten auf der Bühne über Vergangenes und Zukünftiges reden, aber nur in begrenztem Maße. Die Gegenwart mehrerer Personen verbietet es unter Umständen, daß Gedanken laut geäußert werden, die sich gegen Anwesende richten und daher besser verborgen bleiben. Ein Erzähler umgeht diese Schwierigkeit leicht, indem er einfließen läßt: „P. aber dachte bei sich ...". Der Dramatiker dagegen will einerseits das **Publikum in gewisse Pläne einweihen, andererseits aber einer oder mehreren Personen auf der Bühne den Einblick verwehren**. Der offene Dialog ist daher nur dann verwendbar, wenn er zwischen Personen stattfindet, für deren Ohren das Besprochene bestimmt ist. Dann ist die Unterhaltung imstande, **zukünftige Ereignisse als erwünschte, erwartete, beschlossene**, geweissagte usw. anzukündigen.

Sollen dagegen die verschiedenen Grade des Wissens unter den auf der Bühne anwesenden Personen und dem Publikum – etwa zum Zwecke der Intrige – aufrechterhalten bleiben, dann bedient sich der Dramatiker anderer Ausdrucksmittel als des Dialogs. **Er mißachtet dabei die Forderungen der Wahrscheinlichkeit und gehorcht allein denen der dramatischen Spannung**. Naturalisten vermeiden die im folgenden behandelten Formen der Ankündigung weitgehend, da sie diese mit der Auffassung vom Theater als einer gespiegelten Wirklichkeit für unvereinbar halten. Solche Bedenken haben weder die antiken Dramatiker noch

---

Kapitelüberschrift – Thema – Ankündigung von Ereignissen im Drama

Vergleich 1. Erzählung – 2. Drama im Hinblick auf Darstellung von: Gefühlen, Gedanken/Erinnerungen/ Planung, Absichten

1. Mitteilung durch Erzähler oder Personen selbst

2. Drama begrenzte Möglichkeiten

Dramatiker informiert nicht alle handelnden Personen

Grenzen des Dialogs

Bedenken der Naturalisten gegen diese Formen der Information – widerspricht der Widerspiegelung der Wirklichkeit, jedoch schon in der Antike gebräuchlich

anstelle des Dialogs stehen andere Formen der Mitteilung

Shakespeare. Sie scheuen nicht die zwar unrealistischen, aber für die Spannung des Stückes sehr wirkungsvollen dramatischen Formen der Ankündigung. Mit deren Hilfe erfährt der Zuschauer, **was in der Hauptsache für ihn gedacht ist und was ihn befähigt, weiter als manche Dramenfigur in die Zukunft vorauszublicken.** Solche Sonderinformationen erhält er durch Prologe, Beiseitesprechen und ähnliche Mittel. Sie alle sind imstande, ankündigende Vorkommnisse wie Intrigen auf die Bühne zu bringen.

Diese Formen sind: Prolog, Beiseitesprechen und Monolog (s. u.) zur Ankündigung von Intrigen usw.

Der Monolog
Der Monolog hat im Drama vielfältige Funktionen: Er **leitet von einer Szene zur anderen über** und erfüllt damit die Forderung der **klassizistischen** Dramaturgie, daß die Bühne keinen Augenblick leer sein darf. Er **greift auf die Vorgeschichte zurück** und schafft dramatische Exposition. Er **resümiert das bisherige Geschehen, überdenkt es, ermöglicht Einblicke in die Seele des Sprechenden, verrät geheimste Gemütsbewegungen** und wirkt im Fortgang der Handlung als retardierendes Moment. Eine dramatisch spannende Funktion übt der Monolog aus, wenn er **zukünftige Ereignisse ankündigt.** Wir sehen ihn oft diese Aufgabe erfüllen und finden ihn daher besonders an Dramenanfängen, dort also, wo die Weichen für späteres Geschehen gestellt werden. Hier kann sich die Dramenfigur dem Zuschauer völlig frei erklären, ohne von anderen Personen auf der Bühne durchschaut zu werden. Das ist besonders wichtig bei geplanten Intrigen, in die das Publikum wenigstens teilweise Einblick erhalten soll.
Hätte es nicht zumindest eine Ahnung von dem Bevorstehenden, käme keine Frage und somit keine Spannung auf ...
Wer monologisiert, hat nicht immer die Fäden in der Hand. Er muß nicht Pläne und Entschlüsse kundtun, sondern kann eine **passive Haltung zeigen und trotzdem auf die Zukunft vorausdeuten.**
... **Wünsche und Gebete** richten sich ebenso wie Intrigenpläne auf die Zukunft. Der Monolog ist die einfachste Form, alle ankündigenden Vorkommnisse darzubieten, die nicht für jedermanns

Funktionen des Monologs
1. Szenenüberleitung

2. keine leere Bühne

3. Rückblick und Gedanken über Ereignisse
4. Einblick in Gefühle
5. retardierendes Moment
6. Spannung durch Hinweis auf Kommendes, daher oft am Dramenanfang
7. Hinweise auf Intrigen, Zuschauer weiß mehr als Mitspieler

8. Zuschauerinformation nötig, damit er die Intrige erkennt
9. Entstehung von Spannung und Fragehaltung beim Zuschauer

10. Zukunftsperspektive durch Monolog
Monolog gibt Informationen, die nicht für jedermann auf der Bühne bestimmt sind, die aber für das Publikum wichtig sind!

121

Ohren gedacht sind. Durch den gewollten Ausschluß der Öffentlichkeit werden gerade deren Interesse und das des Publikums geweckt. **Die Exklusivität des Selbstgespräches macht aufhorchen, und die Erwartung, Bedeutsames zu hören, wird selten enttäuscht.**
(544 Wörter)

G. E. Lessing – Emilia Galotti

5. Aufzug, 2. Auftritt

ODOARDO GALOTTI
Noch niemand hier? – Gut; ich soll noch kälter werden. Es ist mein Glück. – Nichts verächtlicher, als ein brausender Jünglingskopf mit grauen Haaren! Ich hab es mir so oft gesagt. Und doch ließ ich mich fortreißen: und von wem? Von einer Eifersüchtigen; von einer für Eifersucht Wahnwitzigen. – Was hat die gekränkte Tugend mit der Rache des Lasters zu schaffen? Jene allein hab ich zu retten. – Und deine Sache, - mein Sohn! mein Sohn! – Weinen konnt ich nie; – und will es nun nicht erst lernen – Deine Sache wird ein ganz anderer zu seiner machen! Genug für mich, wenn dein Mörder die Frucht seines Verbrechens nicht genießt. – Dies martere ihn mehr, als das Verbrechen! Wenn nun bald ihn Sättigung und Ekel von Lüsten zu Lüsten treiben; so vergälle die Erinnerung, diese eine Lust nicht gebüßet zu haben, ihm den Genuss aller! In jedem Traume führe der blutige Bräutigam ihm die Braut vor das Bette; und wann er dennoch den wollüstigen Arm nach ihr ausstreckt: so höre er plötzlich das Hohngelächter der Hölle, und erwache!

Randnotizen:
- Einblick in Gedanken und Gefühle
- Selbsterkenntnis – aufbrausende Art (Hitzkopf), lässt den Zuschauer erkennen, dass er Orsinas Motive durchschaut hat
- charakterisiert Orsina (Laster), personifiziert sich als „gekränkte Tugend" – gibt sein Ziel an! Rettung der (seiner?) Tugend
- Wunschvorstellung – Rache durch Gott – christliche Zurückhaltung
- Odoardo selbst genügt es, wenn der Prinz Emilia nicht bekommt? behält? verführt? Merkwürdiger Rachegedanke, der den Zuschauer an Orsinas Racheschwur erinnert

Gliederung der Klausur

I. Analyse des Textes von P. Pütz
   Einleitung: Autor, Entstehungszeit, Thema, allgemeine Informationen
   Hauptteil
   1. Inhaltsanalyse
   2. Struktur des Textes und Aufbau der Argumentation
   3. sprachliche Gestaltung

II. Vergleich mit dem Monolog Odoardos
   1. Dramentechnik
   2. Rückblick auf die Vorgeschichte und Resümee
   3. Wiedergabe von Gefühlen und Gedanken
   4. Spannung auf Kommendes
   5. Die Intrige und das Wissen des Zuschauers
   6. Wünsche

III. Abschließende Bemerkung

Einleitung

In dem Text über die „Formen der Ankündigung" befasst sich der ehemalige Bonner Professor Pütz mit der besonderen Bedeutung des Monologs im klassischen Drama. Der vorliegende Text ist gekürzt und ist ein Kapitel aus der Veröffentlichung „Die Zeit im Drama". Zunächst thematisiert Pütz im einleitenden Kapitel die Möglichkeiten, auf der Bühne etwas mitzuteilen, was nicht für alle handelnden Personen gedacht ist. In einem zweiten Schritt präzisiert er seine Aussagen, indem er die Möglichkeiten des Monologs erörtert.

Pütz hat neben Germanistik auch Philosophie und Geschichte studiert, man könnte daher erwarten, dass er einen sprachlich und inhaltlich schwierigen Text vorlegt, zumal auch das Thema „Die Zeit im Drama" zunächst abstrakt klingt. Doch als Leser ist man überrascht, dass der Text gut verständlich ist.

Autor, Thema, Text

Hauptteil

1. Inhaltsanalyse

Pütz beginnt seine Überlegungen zu den Möglichkeiten des Dramas, Ereignisse anzukündigen und Gefühle wiederzugeben, mit einem Vergleich dramatischer und epi-

knappe Wiedergabe des Inhaltes

scher Texte. Der Erzähler könne – im Gegensatz zum Dramatiker – ohne Schwierigkeiten die Gefühle, Gedanken, Pläne und Erinnerungen darstellen. Der Dramatiker hingegen müsse Einschränkungen hinnehmen. Zwar könne auch er seine Figuren über Gefühle, Gedanken, Zukünftiges und Vergangenes sprechen lassen, doch müsse er immer bedenken, dass nicht immer alle Mitteilungen für alle handelnden Personen auf der Bühne gedacht seien. Manchmal müsse gerade der Zuschauer einen Informationsvorsprung haben, um beispielsweise den Plan einer Intrige zu erkennen, dann müsse sich der Dramatiker anderer Methoden bedienen, etwa zum Monolog oder zum Beiseitesprechen greifen. Obgleich Naturalisten als extreme Vertreter des Realismus diesen dramentechnischen Trick als unrealistisch ablehnen, sei dies ein seit der Antike häufig verwendetes Mittel des Dramas.

Funktionen des Monologs

Das Unterkapitel „Der Monolog" geht auf die vielfältigen Funktionen des Monologs ein und kennzeichnet ihn zunächst als ein Element des klassischen Dramas. Er schafft Übergänge zwischen einzelnen Szenen und ermöglicht es, dass die Bühne nie leer ist. Neben diesem eher formalen Aspekt hat der Monolog die Aufgabe, Gefühle und „Einblicke in die Seele des Sprechenden" zu geben und auf kommende Ereignisse hinzuweisen.

Für den Zuschauer bietet das Selbstgespräch zudem die Möglichkeit, einen Wissensvorsprung vor den Bühnenfiguren zu erhalten, so dass er geplante Ereignisse, wie etwa Intrigen, für den Zuschauer nachvollziehbar macht.

Pütz erkennt im Monolog die einfachste Form Ereignisse anzukündigen und den „gewollten Ausschluß der Öffentlichkeit" um beim Zuschauer Spannung zu erzeugen.

2. Struktur des Textes und Aufbau der Argumentation

Aufbau des Textes – Art der Argumentation

Der vorliegende Text ist klar eingeteilt in einen allgemeinen, einleitenden Teil und in ein Unterkapitel, das den einleitenden Teil konkretisiert.

Das einführende Kapitel ist in zwei Teile gegliedert: Der erste Teil geht im Vergleich zu Erzählungen auf die Schwierigkeiten ein, im Drama Gefühle, Gedanken, Erinnerungen und Wünsche so mitzuteilen, dass sie nicht nur im Dialog vermittelt werden. Der zweite Teil leitet über zu den typischen Möglichkeiten des Dramas. Die Angaben zu den folgenden Unterkapiteln lassen erkennen, dass Pütz, wie er auch andeutet, vom Einfachen zum Komplexen geht. So beginnt er seine Ausführungen mit dem Monolog, als "einfachste(r) Form, Ereignisse anzukündigen".

Das Kapitel „Formen der Ankündigung" fängt mit einer allgemeinen Einführung an, in der der Verfasser die Möglichkeiten vergleicht, innere Vorgänge in epischen und dramatischen Texten darzustellen.
Durch diesen Vergleich macht Pütz geschickt darauf aufmerksam, über welche unterschiedliche Instrumente beide Gattungen verfügen, um die „gespiegelte Wirklichkeit" wiederzugeben. Während der Erzähler seinen Leser unmittelbar anspricht, muss der Dramatiker zwei Gruppen im Auge behalten: die Zuschauer und die Bühnenfiguren.

1. Teil Wünsche, Gedanken usw. in epischen – dramatischen Texten

Im zweiten Absatz konzentriert sich Pütz auf die dramentechnischen Möglichkeiten, Zuschauer und Bühnenfiguren mit unterschiedlichen Informationen zu versorgen. Während der Dialog Zuschauern und Mitspielern gleiche Informationen verschafft, eignen sich Monolog oder Beiseitesprechen dazu, dem Zuschauer einen Wissensvorsprung vor den anderen Bühnenfiguren zu ermöglichen.
Mit einem knappen Exkurs geht Pütz auf die Kritik des Naturalismus ein, die diese Formen der Ankündigung als unrealistisch abgelehnt haben. Pütz macht darauf aufmerksam, dass Literatur nach eigenen Gesetzen „funktioniert". Weder antike Dramatiker noch Shakespeare habe die mangelnde Wahrscheinlichkeit gestört, wenn es darum ging, Spannung zu erzeugen.
Mit dem abschließenden Satz greift Pütz noch einmal die Grundidee des Kapitels auf, nämlich die Ankündigung von Ereignissen, um dann auf die unterschiedlichen Formen der „unbelauschten" Mitteilungen überzuleiten.

2. Teil unterschiedliche Informationen für Zuschauer und Bühnenfiguren

Exkurs – Kritik der Naturalisten

Im Unterkapitel „Der Monolog" präzisiert Pütz in wenigen komprimierten Sätzen die verschiedenen Funktionen des Monologs: Szenenüberleitung, Rückblick auf Ereignisse, Einblick in Gefühle.
Besonders betont er dabei, dass der Monolog dort seine besondere Wirkung entfalten kann, wo er „zukünftige Ereignisse ankündigt".
Eine weitere bedeutende Funktion übernimmt er da, wo der Zuschauer bevorzugt Informationen erhält, um beispielsweise Intrigen zu erfassen. Mit diesem dramentechnischen Trick wird die Spannung des Zuschauers erhöht.

Funktionen des Monologs

125

3. Sprachliche Gestaltung

Anaphern als Mittel, einer Information besonderes Gewicht zu verleihen

Obgleich Thema und Autor zunächst eher einen fachwissenschaftlichen Text erwarten lassen, ist der Text verständlich und kommt mit sehr wenigen Fachbegriffen aus. Offensichtlich ist der Verfasser bemüht, auch ein allgemein gebildetes Publikum anzusprechen.

Dem Verfasser ist allerdings zugleich daran gelegen, seiner Auffassung Nachdruck zu verleihen. Hierzu verwendet er am Anfang des Kapitels das Stilmittel der Anapher („was sie denken ..., an was sie sich erinnern und was sie planen"); auch im Unterkapitel greift er zu diesem rhetorischen Mittel, wenn er die Funktion des Monologs bestimmt („Er leitet ... Er greift auf ... Er resümiert ..."). In gleicher Weise gelingt es ihm durch Aufzählungen, seinen Aussagen besonderes Gewicht zu verleihen („denken und fühlen, ... erinnern und ... planen", „resümiert ..., überdenkt es, ... ermöglicht ..., verrät").

Betrachtet man den Satzbau genauer, so fällt auf, dass Pütz seine Aussagen vorwiegend als Feststellungen formuliert. Damit unterstreicht er die Allgemeingültigkeit seiner Aussagen. Rhetorisch setzt er sich so als eine Art Autorität ein. Unterstützt wird diese Tendenz durch kommentierende Wörter wie „beliebig", „leicht".

Dass es sich um einen logisch argumentierenden Text handelt, erkennt man an den Konjunktionen, die konditionale Sätze („ wenn ..., dann"), adversative Sätze (Herstellen eines Gegensatzes:„aber", „sondern") und kausale Sätze („denn") einleiten. Zu diesen Konjunktionen kommen Adverbien, die gleichfalls konzessiv und adversativ verwendet werden („daher", „dagegen").

Der Text ist also weitgehend bestimmt von einer linearen Argumentation, die auf schlüssige Folgerungen, Begründungen und logische Verknüpfungen abzielt. Erklärungen, Fakten und Beispiele ermöglichen es dem Leser, den Gedanken des Verfassers problemlos zu folgen.

Gliederung: vgl. Anmerkungen zur Funktion des Monologs

II. Vergleich mit Lessings Drama „Emilia Galotti" (2. Aufzug, 5. Auftritt)

1. Dramentechnik

Szenenübergang und Spannungsaufbau

Bevor Odoardo den Raum betritt, wird er schon von Marinelli angekündigt: „Bald hätt er uns überrascht! Er kömmt. – „Marinelli und der Prinz verlassen eilig die Bühne, da Marinelli dem Prinzen in den Nebengemächern einen weiteren Plan vortragen will, wie man Odoardo von gewaltsamen Schritten abhalten kann.

Odoardo betritt das leere Vorzimmer, und der Zuschauer weiß, dass Emilias Vater von einer weiteren Intrige überrascht werden wird: Das Publikum ist also einerseits gespannt darauf, wie Odoardo sich in dieser neuen Situation bewähren wird, zugleich wartet es mit Spannung auf die neue Intrige.

Diese Situation ist eine ideale Voraussetzung für einen Monolog. Wir kennen Odoardos verschwörerische Andeutung gegenüber Orsina; wir wissen, dass er überzeugt ist, als Vater und Mann die Angelegenheit selbst zu regeln; wir kennen seinen Hass auf den Hof und den Prinzen.

2. Rückblick auf die Vorgeschichte und Resümee

Im Gegensatz zu den vorhergehenden Dialogen erfahren wir jetzt überraschenderweise, dass Odoardo die Gräfin Orsina als skrupellose Eifersüchtige durchschaut hat, dass er zudem ihre Motive erfasst hat, ihn für ihre Rache auszunutzen. Hatte er noch beim Abschied von Orsina geheimnisvoll verschwörerisch versprochen, „Sie werden von mir hören." so bleibt von diesem Versprechen nur noch der Dolch, den Orsina ihm gegeben hat. Der Zuschauer wartet nun mit Interesse darauf, wie er diesen Dolch einzusetzen gedenkt.

Resümee der Vorgeschichte

Der Monolog gibt jedoch keinerlei Aufschluss darüber, ob Odoardo nach wie vor an die Schuld seiner Tochter glaubt, ob also das „Gift" der Gräfin Orsina unabhängig von seiner Erkenntnis über die Gräfin wirkt.

Die tiefe Betroffenheit über den Tod Appianis wird dem Zuschauer einerseits in der Wortwahl „Mein Sohn", andererseits in den elliptischen Sätzen vermittelt. Auffällig ist, dass er nun in dieser Weise an seinen Schwiegersohn, nicht an seine Tochter denkt.

3. Wiedergabe von Gefühlen und Gedanken

Odoardos Monolog ist zunächst gekennzeichnet von seiner Wut. Wie schon zuvor im Dialog mit Claudia versucht er sich zur Ruhe zu zwingen, doch seine Sprache verrät, dass er sich anfangs kaum in der Gewalt hat. Erst am Ende des Monologs, als er Orsinas Rachefantasie variiert, ist er in der Lage zusammenhängend zu sprechen und zu denken.

Monolog als Möglichkeit Gefühle und Gedanken wiederzugeben

Während Orsina allerdings in einem blutigen Rachetraum schwelgt, diszipliniert sich der Bürger Odoardo, indem er sozusagen seine bürgerlichen Maßstäbe an den Prinzen anlegt. Seine Strafe soll sein, dass er die „Frucht seines Verbrechens", also Emilia, nicht genießen könne. Auffällig ist hier, dass auch er den Prinzen, wie zuvor Orsina und Claudia, für den eigentlichen Mörder hält.

4. Spannung auf Kommendes

Ankündigung von Zukünftigem

Hatte der Zuschauer nach dem Gespräch mit der Gräfin Orsina angenommen, dass Odoardo den Dolch im Sinne der Gräfin nutzen werde, so macht der Monolog deutlich, dass Odoardo nicht die „Rache des Lasters" übernehmen will. Auch die Rache für den Mord an Appiani überlässt Odoardo einem „ganz anderen", nämlich Gott. Enttäuscht vernimmt der Zuschauer, dass Odoardo sich damit begnügt, dass der Mörder „die Frucht seines Verbrechens nicht genießt". Damit verrät Odoardo immerhin, dass er den Plan nicht aufgegeben hat, Emilia nicht am Hof zurückzulassen.

5. Die Intrige und das Wissen des Zuschauers

Das Vorwissen der Zuschauer – die Intrige

Genau an diesem Punkt treffen sich das Vorwissen des Zuschauers und das Unwissen Odoardos, aus dem sich die Spannung auf das nun Folgende entwickelt. Der Zuschauer ist durch die vorhergehende Szene darüber informiert, dass Marinelli einen intriganten Plan ausgedacht hat, mit dem er Odoardo daran hindern will, seine Tochter mitzunehmen.
Odoardo hingegen glaubt noch daran, dass er dem Prinzen seine „Lust" „vergällen" könne.

6. Wünsche

Odoardos Illusion von Schuldgefühl

Der Zuschauer, der ja die Beweggründe des Prinzen kennt, der Marinelli erlebt und durchschaut hat, muss angesichts von Odoardos Wunschvorstellung, dass der Prinz wegen des Mordes Alpträume haben möge, daran zweifeln, dass Odoardo den Ernst der Lage überhaupt durchschaut hat. Der Wunsch, dass der „blutige Bräutigam" Appiani dem Prinzen die „Braut vor das Bette" führe und dieser voller Schrecken erwache, ist in dieser dramatischen Situation grotesk.

III. Abschließende Bemerkung

Der Vergleich macht deutlich, dass der Text von Pütz ein ausgezeichnetes Instrument ist, um die Funktion und das Ziel von Monologen zu erfassen. Zugleich zeigt die Untersuchung des Monologs die Verbindung von Zuschauer, Handlung und Personen unter dem Aspekt der Spannung.

Allerdings darf nicht übersehen werden, dass die Untersuchung der Funktionen des Monologs und der weiteren Ankündigung von Ereignissen für das klassische Drama gilt. Anders als etwa im „epischen Theater" ist hier der Zuschauer unmittelbar in das Erlebnis des Bühnengeschehens einbezogen, er unterliegt dabei der Illusion von „Wirklichkeit".

Das „epische Theater" dürfte entsprechend keinen Monolog im Sinne der Gemeinsamkeit mit dem Publikum aufweisen, denn der Zuschauer soll ja nicht „gefangen genommen", sondern „belehrt" werden.

episches und klassisches Theater und der Monolog

Vergleichende Analyse von literarischen Texten

Aufgabenart II C

Johann Wolfgang Goethe (1749–1832):
Maifest (1771/1775)

Wie herrlich leuchtet
Mir die Natur!
Wie glänzt die Sonne!
Wie lacht die Flur!

Es dringen Blüten
Aus jedem Zweig
Und tausend Stimmen
Aus dem Gesträuch

Und Freud und Wonne
Aus jeder Brust.
O Erd', o Sonne,
O Glück, o Lust,

O Lieb', o Liebe,
So golden schön
Wie Morgenwolken
Auf jenen Höhn,

Du segnest herrlich
Das frische Feld,
Im Blütendampfe
Die volle Welt!

O Mädchen, Mädchen,
Wie lieb' ich dich!
Wie blinkt dein Auge,
Wie liebst du mich!

So liebt die Lerche
Gesang und Luft,
Und Morgenblumen
Den Himmelsduft,

Wie ich die liebe
Mit warmen Blut,
Die du mir Jugend
Und Freud' und Mut

aus: Karl Otto Conrady (Hg.), Das große deutsche Gedichtbuch, Artemis und Winkler, München; Zürich, 1995, S. 142.

Heinrich Heine (1798–1856):
Mein Herz, mein Herz ist traurig (1823–1824)

Mein Herz, mein Herz ist traurig,
Doch lustig leuchtet der Mai;
Ich stehe gelehnt an der Linde,
Hoch auf der alten Bastei.

Da drunten fließt der blaue
Stadtgraben in stiller Ruh;
Ein Knabe fährt im Kahne,
Und angelt und pfeift dazu.

Jenseits erheben sich freundlich,
In winziger, bunter Gestalt,
Lusthäuser, und Gärten, und Menschen,
Und Ochsen, und Wiesen, und Wald.

Die Mägde bleichen Wäsche,
Und springen im Gras herum;
Das Mühlrad stäubt Diamanten,
Ich höre sein fernes Gesumm.

Am alten grauen Turme
Ein Schilderhäuschen steht;
Ein rotgeröckter Bursche
Dort auf und nieder geht.

Er spielt mit seiner Flinte,
Die funkelt im Sonnenrot,
Er präsentiert und schultert –
Ich wollt, er schösse mich tot.

Zu neuen Liedern
Und Tänzen gibst.
Sei ewig glücklich,
Wie du mich liebst.

aus: Heinrich Heine: Buch der Lieder. Hrsg. Joseph Kiermeier-Debre. Deutscher Taschenbuch Verlag, München 2004, S. 163 f

Aufgabenstellung:
Analysieren Sie die beiden Texte vergleichend.

Unter learn-line-nrw.de finden Sie eine weitere Musterklausur zum Gedichtvergleich im Leistungskurs.

Tipp

Lösungsentwurf

Aufgabenart II C – Vergleichende Analyse von literarischen Texten

Bezug – Lehrplan:
Jahrgangsstufe 12.1 – 1. Unterrichtsvorhaben: literarische Formen der Selbstdarstellung und der Selbstverwirklichung des Individuums – **Umgang mit Texten: Epochen, Gattungen:** Epochenumbruch 18./19. Jh. – Lied, Ballade, Gedicht. – **Reflexion über Sprache:** Sprache der Gefühle: Sprachbetrachtung anhand von Gedichten
Jahrgangsstufe 13.1 – 2. Unterrichtsvorhaben: Kunstkritik, Kulturkritik, Sprachskepsis, Medienkritik – **Reflexion über Sprache:** Metaphern und Symbole als Formen des indirekten Sprechens in Vergangenheit und Gegenwart

Vorgaben zu den unterrichtlichen Voraussetzungen für die schriftlichen Prüfungen im Abitur in der gymnasialen Oberstufe im Jahr 2007 im Fach Deutsch
Umgang mit Texten – Epochenumbruch 18./19. Jh.

Gliederung der Klausur

1. Analyse Text 1 (Goethe: „Maifest")

Einleitung:	Autor, Titel, Textsorte, Erscheinungsjahr
Typ:	Kombination aus Natur-, Liebes- und Erlebnisgedicht
Thema:	pathetische (= leidenschaftliche) Übersteigerung persönlicher Glücksgefühle
Analyse	
Inhalt:	Verherrlichung der Frühlingsnatur im Zustand des Verliebtseins
Aufbau:	Dreiteiligkeit Natur – Liebe – private Glücksutopie
Aspekt Liebe:	Hinweise auf Abstraktheit des Liebesbegriffs
Aspekt Natur:	Belege für die konkrete Vielfalt des Naturbegriffs (detaillierte Darstellung in Bildern, Metaphern, Personifikationen) Belege für eine naturreligiöse Betrachtungsweise

Form:	Gestalt des Gedichts (Einfachheit, Harmonie, Dynamik) als Ausdruck seines Gehaltes (Lebensfreude, Einklang von Ich und Welt, Gefühlsüberschwang)
Interpretation:	„Maifest" als Ausdruck der narzisstischen Spiegelung einer privaten Gefühlswelt

Narzissmus: Eigensucht, Selbstverliebtheit

2. Analyse Text 2 (Heine: „Mein Herz, mein Herz ist traurig")
Einleitung und Überleitung von Text 1 zu Text 2

Analyse
Bildform:	perspektivische Gestaltung wie im Film Bildinventar zur Darstellung der Stadtgesellschaft
Form:	Ich als Rahmen (1. + 6. Strophe) – Stadtbild im Binnenteil (2. – 5. Strophe)
das Ich	negative Weltsicht des Individuums unterschwellige Gesellschaftskritik

3. Vergleich Text 2 – Text 1
Interpretation: Kontrasteffekt
leidenschaftliche Gefühlskultur im Sturm und Drang
ernüchterte Weltsicht der Spätromantik

Das Gedicht „Maifest" wurde von dem jungen Johann Wolfgang **Goethe** im Jahre **1771** verfasst und im Jahre **1775** veröffentlicht. Es verknüpft in der Ausdrucksform der **Erlebnislyrik** den **Lobpreis von Natur und Liebe** durch ein lyrisches Ich, das in der persönlichen Erfahrung der Liebe und der Schönheit der Frühlingsnatur die eigenen **Gefühle** verherrlicht.

TEXT 1: Einleitung mit Angabe des Themas

Inhaltlich beschränkt sich der lyrische Text vor dem Horizont einer skizzenhaft evozierten äußeren Wirklichkeit auf die **Darstellung der inneren Befindlichkeit des lyrischen Ich.** Während sich die **Wiedergabe der „Natur"** auf ausgewählte einzelne Bildelemente wie „Sonne", „Flur", „Blüten", „Zweig", „Gesträuch", „Morgenwolken", „Feld", „Lerche", und „Morgenblumen" konzentriert, erhält der

Inhalt

	Leser/Hörer zugleich zahlreiche direkte und indirekte Informationen zur **euphorischen Gefühlssituation** des lyrischen Ich, das in ein Mädchen verliebt ist und „Freude", „Wonne", „Glück", „Lust", „Freud' und Mut" empfindet.
euphorisch: heiter, hochgestimmt	
Aufbau	Das Gedicht gliedert sich in **drei Abschnitte**, die in jeweils drei Strophen einen eigenen thematischen Aspekt hervorheben: Der Mitteilung über die eigene **Naturbegeisterung** (Strophe 1–3) folgt die Beschwörung des **Liebesglücks** (Strophe 4–6), bevor im abschließenden dritten Teil Natur und Liebe miteinander zum Gedanken eines **diesseitigen Glücks** in „Liedern" und „Tänzen" verschmelzen.
im Hintergrund: das Thema Liebe	Das Ich lässt dem schlichten, aber eindringlichen **Ausdruck der eigenen Liebe** („O Mädchen, Mädchen,/Wie lieb' ich dich!") die Feststellung folgen, dass diese Liebe auch erwidert wird: „Wie blinkt dein Auge,/Wie liebst du mich!". Ansonsten enthält der Text innerhalb der insgesamt neun Strophen kaum weitere präzisierende Angaben zur Person der jungen Frau, welcher die Liebeserklärung gilt. Obwohl sie namen- und körperlos ist, wird über sie gesagt, dass ihre Liebe Bedingung für das leidenschaftliche Lebensglück des lyrischen Ich sei:

> „Wie ich dich liebe/Mit warmen Blut,/Die du mir Jugend/ Und Freud' und Mut//Zu neuen Liedern/Und Tänzen gibst."

Das Mädchen und die Liebe zu ihr bilden gleichwohl nicht den Auftakt zu dem Gedicht, an dessen Anfang vielmehr die Formulierung „Wie herrlich leuchtet/Mir die Natur!" die emotionale Begeisterung an den Anblick der Schönheit der Natur bindet.

im Vordergrund: die Natur	Umso mehr widmet sich das lyrische Ich der frühlingshaften „Natur" seiner unmittelbaren Umgebung. In einem umfassenden Bild der „volle[n] Welt" werden mit „Erd'" und „Sonne" sowohl der **Makrokosmos** als auch der **Mikrokosmos** mit Einzelheiten aus **Fauna** („Lerche") und **Flora** („Morgenblumen") gezeigt. Die Natur ist Ort des **Lebens** („Es dringen Blüten/Aus jedem Zweig") und des **Lichts**, indem sie „leuchtet" und glänzt". Geradezu paradiesische Eigenschaften ergänzen die äußerst positive Bestimmung der Natur als dem Ort einer **Idylle**, wo „Morgenwolken/Auf jenen Höhn" neben „frische[n] Felder[n]" und „Himmelsduft" erscheinen. Die Natur erscheint zudem anthropomorphisiert, wenn in Formen der **Personifikation** die Flur „lacht" und „tausend Stimmen/Aus dem Gesträuch" ‚dringen'. Sie ist gerade-
Fauna: Tierwelt Flora: Pflanzenwelt	
anthropomorphisieren: vermenschlichen	

zu sinnlich spürbar, wenn **akustische Signale** („Stimmen") neben **Metaphern** zur Bezeichnung von **visuellen** („Blütendampfe") und **olfaktorischen Wahrnehmungen** („Himmelsduft") treten.

Eine Form der **religiösen Überhöhung** schließlich erfährt das Naturbild nicht nur durch den Begriff des „Himmelsduftes", sondern auch durch den Aussagesatz „Du segnest herrlich/Das frische Feld – /Im Blütendampfe/Die volle Welt!" Indem dieser Satz die fünfte Strophe bildet, markiert er die zumindest formale, möglicherweise aber auch die geistige Mitte des lyrischen Textes, der sich aus insgesamt neun Strophen zusammensetzt. Die letzte Strophe erweitert in der Aufforderung „Sei ewig glücklich" den Glücksbegriff um denjenigen der ‚Ewigkeit' und überformt damit den irdischen Aspekt durch eine zeitliche Dimensionierung in die Unendlichkeit hinein. Aus dem Gesamtzusammenhang des Gedichtes wird jedoch deutlich, dass die überaus positive Grundstimmung des lyrischen Ich nicht im religiös motivierten Gottesglauben, sondern in einer **naturreligiösen Vergötterung der diesseitigen Welt** („Wie herrlich leuchtet/Mir die Natur!") verankert ist.

Dem emphatischen Gefühl umfassender Lebensfreude und dem persönlichen Eindruck eines totalen Einklangs der Natur und mit der Natur entspricht die formale Gestaltung des Textes. Das Gedicht umfasst neun Strophen mit je vier Versen, von denen sich der zweite und vierte jeweils reimen. Obwohl der erste und dritte Vers ohne Reim bleiben, weist das Gedicht durch die regelmäßige Verwendung eines zweihebigen Jambus einen insgesamt **liedhaften Charakter** auf. Der wiederholte Zeilensprung (Enjambement) erzeugt in Verbindung mit der Kürze der Verse eine hohe, nach vorne drängende Dynamik des Sprechtempos. Lediglich an wenigen Stellen gelangen die **Satzkonstruktionen** zu einem raschen grammatischen Ende, das dann in der Interpunktion durch Ausrufezeichen verstärkt wird, so vor allem in der ersten Strophe: „Wie herrlich leuchtet/Mir die Natur!/Wie glänzt die Sonne!/Wie lacht die Flur!" In der Regel jedoch fließen die Strophen syntaktisch ineinander über, ohne dass sie mit dem Ende eines Sinnabschnittes zusammenfielen; dies betrifft die Strophen 2 bis 4 und die Strophen 7 bis 9.

Die Wiedergabe der Vielfalt der natürlichen Sinneseindrücke spiegelt die Begeisterung des lyrischen Ich, das unter dem Eindruck seiner Liebe und der Schönheit der

---

olfaktorisch: den Geruchssinn betreffend

Form

im Mittelpunkt: das das erlebende und fühlende ich

unberührten Natur von „Freud und Wonne" und von „Glück" und „Lust" erfüllt ist. Die mehrfache Wiederholung der Interjektion „O" signalisiert ein **ekstatisch-leidenschaftliches Verhältnis zur Welt im Allgemeinen und zu der Geliebten im Besonderen.**
Doch nicht die unbekannte junge Frau steht im Zentrum der hymnischen Verklärung, sondern das **Subjekt des lyrischen Ich.** In seiner **egozentrischen Darstellung** („Wie herrlich leuchtet/**Mir** die Natur!") entsteht mit der **Fokussierung der Wirklichkeit auf das Ich** der Eindruck, als ob die Liebe ihm nur Quelle der eigenen Leidenschaft und des eigenen Glücks wäre, wenn es heißt: „Wie ich dich liebe/Mit warmem Blut,/Die du **mir** Jugend/Und Freud' und Mut/Zu neuen Liedern/und Tänzen gibst." In einer grammatisch diffusen Satzkonstruktion am Ende des Gedichtes „Maifest" richtet das lyrische Ich in der Form einer Aufforderung an die Geliebte den Wunsch „Sei ewig glücklich", scheint diesen Wunsch aber an eine Bedingung („Wie du mich liebst.") zu knüpfen. Von hier aus ergibt sich der Gedanke, dass die Euphorie des lyrischen Ich lediglich einem momentanen Gefühlsüberschwang entspringt, der mit der Veränderung der äußeren Umstände (Herbst, Winter, Einsamkeit) in sein Gegenteil umschlagen kann und somit – entgegen der Beschwörung der Ewigkeit im Gedicht – keine wirkliche Dauer besitzen wird.

Text 2
Einleitung und Überleitung

Inhalt

Replik: Entgegnung, Erwiderung

perspektivische Gestaltung

In **Heinrich Heines** Gedicht **„Mein Herz, mein Herz ist traurig"** aus dem Jahre **1827** bringt das lyrische Ich seine **Traurigkeit und Todessehnsucht** im Anblick einer städtischen Gesellschaft zum Ausdruck. Bereits der Titel weist auf einen Gegensatz zur Mitteilung von Lebenslust und Liebesglück in Goethes „Maifest" hin. Es scheint sogar so, als ob Heine sein Gedicht unter direktem Bezug auf Goethes „Maifest" entwickelt hätte, weil der zweite der ersten beiden Verse („Mein Herz, mein Herz ist traurig,/Doch lustig leuchtet der Mai;") wie ein Versatzstück der ersten beiden Verse aus Goethes Gedicht („Wie herrlich leuchtet/Mir die Natur!") und zugleich wie eine ausdrückliche literarische Replik („doch") erscheint.
Das lyrische Ich steht „gelehnt an der Linde" auf dem vorspringenden Teil einer hoch gelegenen Festung („Hoch auf der alten Bastei"), um von dort aus das städtische Alltagsleben „jenseits" des „Stadtgraben[s]" zu beobachten. Wie bei einer **Kamerafahrt** gleitet der Blick der Person zunächst hinunter („Da drunten fließt der blaue/

Stadtgraben in stiller Ruh;"), um sich sodann wieder hinauf zur Stadt und von dort zur Stadtgrenze zu bewegen: „Jenseits erheben sich freundlich [...]/Lusthäuser, und Gärten, und Menschen,/Und Ochsen, und Wiesen, und Wald." Der **Panoramablick** erfasst Ausschnitte gesellschaftlichen Lebens in der Form einer Miniatur („In winziger, bunter Gestalt"). Unter den „Menschen" finden sich insbesondere ein angelnder „Knabe [...] im Kahne", „Mägde", die Wäsche bleichen, sowie ein „rotgeröckter Bursche", der „auf und nieder geht." Zugleich finden sich Hinweise auf landwirtschaftliche („Ochsen", „Wiesen") und handwerkliche Aktivitäten („Das Mühlrad stäubt Diamanten,/Ich höre sein fernes Gesumm."). Neben diesen volkstümlichen Genreszenen zeigen sich dem **wandernden Blick** mit „Lusthäuser[n]" und „Gärten" auch Einrichtungen feudalen Lebens.

Panorama: Rundblick, Ausblick

Genreszenen: Szenen aus Bildern, die typische Zustände aus dem täglichen Leben darstellen

Allen Bildern ist ihr „freundlich[er]" Charakter gemeinsam. Während der Mai „lustig leuchtet" und der Stadtgraben „in stiller Ruh" fließt, „springen" die Mägde „im Gras herum". Die Metapher „Das Mühlrad stäubt Diamanten" verweist auf die wirtschaftliche Einträglichkeit bürgerlicher Berufe, während der „alte[ ], graue[ ] Turm" bildhafter Ausdruck bewährter und wehrhafter gesellschaftlicher Traditionen ist.

Darstellung der äußeren sozialen Wirklichkeit

Aus der Wahrnehmung des lyrischen Ich in Heines „Mein Herz, mein Herz ist traurig" entwickelt sich so der Eindruck einer umfassenden **Idylle**. Selbst das soldatische Leben wirkt im Bild des wachenden „rotgeröckte[n] Bursche[n]" – jenseits allen militärischen Ernstes – friedfertig („Er spielt mit seiner Flinte") und auf das bloße Ritual reduziert: „Er präsentiert und schultert".

Das Gedicht umfasst sechs Strophen mit je vier Versen. Wie in Goethes „Maifest" reimen sich der zweite und vierte Vers, während der erste und dritte Vers keinen Reim bilden. Die Strophen 2–5 konzentrieren sich auf die Wiedergabe der Eindrücke gesellschaftlichen Lebens innerhalb einer Kleinstadt, während die erste und sechste Strophe in der Form eines Rahmens die Situation und die Empfindungen des lyrischen Ich wiedergeben.

formale Gestaltung

Opposition Ich – Welt

Das Gedicht liefert gleichwohl kaum Informationen über das lyrische Ich. Lediglich seine räumliche Position („Ich stehe gelehnt an der Linde,/Hoch auf der alten Bastei.") und seine grundsätzlich schlechte seelische Verfassung („Mein Herz, mein Herz ist traurig") sind bekannt. Der **Kontrast zwischen seinem negativen Gefühlszustand**

innere Wahrnehmung der Welt durch das lyrische Ich	und der äußeren Wirklichkeit gesellschaftlicher Harmonie ist eklatant, jedoch nicht motiviert, denn die Gründe für die Todessehnsucht des lyrischen Ich sind nicht unmittelbar verständlich. Erst eine Analyse der Form seiner Wahrnehmung bietet daher eine Grundlage zum Nachvollzug der Todessehnsucht, deren unerwartete Formulierung („Ich wollt, er schösse mich tot.") den Leser/Hörer wie ein Schuss völlig überrascht.
das lyrische Ich	Das lyrische Ich nimmt räumlich die Position eines einzelnen **Außenstehenden** ein. Es beobachtet zunächst von oben („Da drunten fließt …") und dann mit dem Blick zur gegenüber liegenden Seite hin die dortige Stadt. Zwischen ihm und dem städtischen Leben bildet der „Stadtgraben" eine Grenze. Die **depressive Grundstimmung des lyrischen Ich** („mein Herz ist traurig") verleiht ihm angesichts der **allgemein herrschenden Fröhlichkeit** („lustig leuchtet der Mai"; „Die Mägde […] springen im Gras herum") eine **Außenseiterposition**. Das Ich ist nicht in die Gemeinschaft integriert, sondern fühlt sich offenbar daran gehindert, am gesellschaftlichen Leben teilzuhaben. Der **Kontrast zwischen Ich und Welt** wird auch durch den Gegensatz zwischen **Statik** („Ich stehe …") und **Dynamik** („Da drunten fließt …"; „Ein Knabe fährt …"; „Die Mägde bleichen […] und springen […]") deutlich gemacht. Der eigenen **Untätigkeit** („Ich stehe gelehnt an der Linde") steht am Ende die rege **Tätigkeit** des Wachsoldaten entgegen, der „auf und nieder geht", mit seiner Flinte „spielt" und sie dann schließlich „präsentiert und schultert."
implizite (= indirekte) Gesellschaftskritik	Das andere Leben wirkt in der oberflächlichen Betrachtung positiv. Die Optik des lyrischen Ich enthüllt jedoch eine soziale Welt, die wesentlich durch **Leblosigkeit** („in stiller Ruh") und **Gleichförmigkeit** bestimmt ist. Die **monotone Kreisbewegung des Mühlrades** entspricht dem **ritualisierten Verhalten des Soldaten**, das unverändert bleibt und immer nach einem festgelegten Muster abläuft. Aus der Sicht des lyrischen Ich widerlegt die anaphorische Reihung „Lusthäuser, und Gärten, und Menschen,/Und Ochsen, und Wiesen, und Wald" in der Form der Addition von Informationen die Besonderheit des Geschauten.
Anapher: Wiederholung eines Wortes zu Beginn aufeinander folgender Sätze oder Satzteile	Die betrachtete Welt zeichnet sich zudem durch eine **Dominanz des Militärischen** aus. Das lyrische Ich steht „hoch auf der alten Bastei", von wo aus es über den „Stadtgraben" hinweg auf der anderen Seite einen „Turm" mit

„Schilderhäuschen" entdeckt, vor dem ein „rotgeröckter Bursche" mit seiner „Flinte" spielt. Die betrachtete Gesellschaft aus Bürgertum und Adel basiert demnach unterschwellig auf dem **Prinzip der Gewalt**. Der im letzten Vers formulierte Todeswunsch des lyrischen Ich („Ich wollt, er schösse mich tot.") richtet diese latente [= verborgene] Aggressivität gegen die eigene Person, weil sie an der Lebenswirklichkeit ein völliges Ungenügen empfindet.

Im **Gegensatz** zu Goethes „Maifest" verschmilzt das lyrische Ich in Heines „Mein Herz, mein Herz ist traurig" nicht gleichsam mit der **Natur**, sondern stellt sich in einen ausdrücklichen Gegensatz zur **Gesellschaft**. Die Natur erscheint nicht mehr als unmittelbarer Ort der Identifikation und der Sinnstiftung, sondern in der „Linde" als bloßes Überbleibsel einer einstmals ursprünglichen, ansonsten aber jetzt geordneten Welt der Zivilisation, wo „Stadtgraben", „Ochsen" und „Wiesen" auf eine Gestaltung der Natur durch den Menschen hinweisen. Innerhalb des Gedichtes von Heine bildet zwar der „Mai" – wie bei Goethe – die Kulisse für eine positive Darstellung der Wirklichkeit, doch insgesamt ergibt sich daraus keine euphorische Stimmung des lyrischen Ich mehr, sondern lediglich das biedermeierliche Bild einer vordergründig „freundliche[en]" Welt, die dem Ich allerdings Anlass zur Resignation ist. Der Verlust an Nähe, der in Heines Gedicht zum Ausdruck kommt, kann dort nicht durch die Teilnahme am gesellschaftlichen Leben aufgefangen werden, wo Tätigkeit und wirtschaftlicher Profit („Diamanten") den Maßstab für das Lebensglück bilden.

Die unverhüllte Lebensfreude und Aufbruchsstimmung, die im „Maifest" zum Ausdruck kommt, ist in „Mein Herz, mein Herz ist traurig" nur noch schemenhaft im fernen romantischen Bild der Mädchen erkennbar, die ‚im Gras herumspringen'.

Während **Goethes Gedicht** das **Gefühlspathos des Sturm und Drang** wiedergibt, markiert **Heines Text** die mitunter auch ironische **Distanzierung von einer gesellschaftlichen Scheinwelt**, in der „Menschen" direkt neben „Ochsen" stehen. Das romantische Idyll einer rauschhaften Verschmelzung mit der Natur verkehrt sich in Heines Stadtbild in die brüchige Wirklichkeit einer bürgerlichen Kultur, die die Natur und das Leben gezähmt und damit verfremdet hat.

Gegenüberstellung Text 2 – Text 1

Distanzierung statt Identifikation

Todeswunsch statt Lebensfreude

Ferne statt Nähe

Argumentative Entfaltung eines fachspezifischen Sachverhaltes im Anschluss an eine Textvorlage

Aufgabenart III

Ansprache des Vorsitzenden des Zentralrates der Juden in Deutschland, Ignatz Bubis, anlässlich der Gedenkveranstaltung in Bergen-Belsen am 27. April 1995

Herr Bundespräsident, Frau Bundestagspräsidentin, Herr Bundeskanzler, Herr Vizepräsident des Bundesrates, Frau Präsidentin des Bundesverfassungsgerichts, meine Herren Bischöfe, Rabbiner, Exzellenzen, und insbesondere meine Damen und Herren, die früher die Häftlinge waren und heute unter uns weilen, sowie verehrter Herr Chaim Herzog, Staatspräsident des Staates Israel a. D., der Sie zu denen zählen, die am 15. April 1945 Bergen-Belsen befreit haben.

Die Jüdische Gemeinschaft in aller Welt begeht heute den „Yom Hashoa we gwurah", den Gedenktag zur Erinnerung an das ermordete europäische Judentum und des heldenhaften Widerstandes in der Nazizeit.

Dieser Tag geht zurück auf den 19. April 1943, den Tag der Zerstörung des Warschauer Ghettos, dessen wir nach jüdischer Zeitrechnung ebenfalls heute gedenken. Wir denken dabei an die Männer, Frauen und Kinder, die es vorgezogen haben, in einem ungleichen Kampf mit der Waffe in der Hand zu sterben, als sich willenlos in die Gaskammern deportieren zu lassen. Wir vergleichen sie mit den Helden von Massada[1], die ebenfalls bis zum letzten Mann kämpften und sich nicht ergeben wollten.

Wir, die wenigen Überlebenden dieser Zeit, sind nicht in der Lage, einen Tag zur Erinnerung an unsere eigene Befreiung zu feiern, und dennoch ist der 8. Mai 1945 der Tag der Befreiung der Menschheit vom Nationalsozialismus und dessen Barbarei.

Zu wenige von uns haben überlebt und zu viele von uns wurden ermordet. Wie soll ich den Tag meiner eigenen Befreiung feiern – es war der 16. Januar 1945 – , wenn ich weiß, daß mein Vater, mein Bruder, meine Schwester, diesen Tag nicht erlebt haben? Wie sollen wir, die hier versammelten Überlebenden, unsere Befreiung feiern, wenn wir wissen, daß Millionen von uns diesen Tag nicht erlebt haben?

Es ist ein Tag, an dem wir alle der Ermordeten, der Vernichteten unseres Volkes gedenken. Wir gedenken dabei zugleich und gemeinsam auch allen anderen Opfern der Nazi-Barbarei, die hier geknechtet, gequält, geschändet und umgebracht wurden, weil sie nach nationalsozialistischem Sprachgebrauch „andersrassig", „andersartig", „Untermenschen" oder politisch Andersdenkende waren. Gleiches galt für das sogenannte „unwerte Leben".

Viele Überlebende fragen sich, ob wir denn überhaupt das Recht haben, im Namen dieser Opfer zu sprechen und ob schweigendes Gedenken nicht angemessener wäre. Ich meine eindeutig nein und ich will dieses auch begründen: Nach dem 8. Mai 1945 haben wir alle geglaubt, daß Krieg und Unrecht nach den Lehren der Zeit des Nationalsozialismus mit mehr als 50 Millionen Toten und einem zerstörten und verwüsteten Europa die Menschheit gelernt hätte, in Frieden untereinander zu leben. Heute wissen wir, daß dem nicht so ist.

Viele haben Jahrzehnte ihr eigenes Erleben verschwiegen. Das war nicht nur bei den Tätern der Fall, sondern auch bei den Opfern, die wie durch ein Wunder überlebt haben. Elie Wiesel[2], selbst Überlebender von Auschwitz und Buchenwald, meinte, „man kann es nicht erzählen, aber man darf es nicht verschweigen". Wir dürfen es nicht um der Toten wegen, aber wir dürfen es auch nicht wegen der heutigen Generation und auch nicht wegen der künftigen Generationen. Wie wollen wir sonst aus der Geschichte lernen!

Werden die nächsten Generationen sich überhaupt das eigentlich Unvorstellbare vorstellen können, wo doch schon wir gar nicht, oder kaum in der Lage sind, das Geschehene zu begreifen? Wie sollen künftige Generationen begreifen, daß es nach Schätzungen der Hamburger Forschungsstelle für die Geschichte des Nationalsozialismus, 1944 im Reichsgebiet etwa 38 000 Lager mit 5 721 833 ausländischen Zwangsarbeitern, überwiegend aus Polen und der Sowjetunion – davon in Berlin 700 Lager mit etwa 350 000 Insassen –, gegeben hat? Dazu kamen noch die vielen Lager mit 1,9 Millionen Kriegsgefangenen, die als Beschäftigte galten.

Wie sollen unsere Kinder und Enkelkinder über die Vernichtungslager wie Auschwitz, Treblinka, Maidanek, Sobibor und andere oder über die „nur" Konzentrationslager wie Bergen-Belsen, Sachsenhausen, Buchenwald oder Dachau erfahren und wie es in diesen Lagern zugegangen ist? Solche, sogenannte Konzentrationshauptlager, gab es 22 mit 1202 KZ-Außenkommandos.

Wie sollen unsere Kinder erfahren, daß zum Beispiel hier in Bergen-Belsen die unmenschlichen Verhältnisse so waren, daß noch nach der Befreiung bis Juni 1945 13 000 Menschen starben, die durch die Haftzeit so geschwächt waren, daß sie teilweise keine Nahrung mehr aufnehmen konnten? Müssen wir ihnen nicht erzählen, daß die britische Armee nach der Befreiung des Lagers Zehntausende von Toten vorgefunden hat, die noch nicht bestattet waren?

[…]

Der Drang zur Vernichtung war so ausgeprägt, daß noch 1945, als der Krieg längst verloren war, immer noch Hunderttausende von KZ-Insassen aus Lagern in Polen nach Deutschland transportiert oder auf Fußmärsche, die auch Todesmärsche genannt wurden, geschickt wurden und deren Arbeitskraft bis zur Vernichtung ausgebeutet wurde, bevor sie starben.

Meine Frau wurde aus Tschenstochau mit einem Transport nach hier, Bergen-Belsen, geschickt. Von hier über Allach nach Kaufering und Dachau, wo sie am 29. April befreit wurde. Ein Teil dieser Strecke legte sie zu Fuß zurück, die meisten der Mithäftlinge starben unterwegs. Obwohl die Fronten schon zusammengebrochen waren, gab es dennoch genügend SS-Bewacher, die für diese Transporte quer durch das Reich eingesetzt wurden.

Mit dieser Befreiung von der Gewaltherrschaft hat Deutschland eine Chance bekommen und die Bundesrepublik hat diese Chance genutzt. Mit der Gründung der Bundesrepublik ist hier eine Demokratie entstanden, wie es bis dahin auf deutschem Boden niemals der Fall war. Seit 1990 trifft dieses für das ganze Deutschland zu. Wir müssen alles tun, um diese Demokratie zu erhalten und zu entwickeln. Wir alle gemeinsam tragen diese Verantwortung.

Ich will hier und heute auch denjenigen danken – und es waren nicht wenige – die in der finsteren Zeit deutscher Geschichte oft unter Einsatz des eigenen Lebens, Menschen geholfen haben, damit diese überleben können.

Auch das darf nicht vergessen werden.

(934 Wörter)
Herausgeber: Presse- und Informationsamt der Bundesregierung – Reihe Berichte und Dokumentationen (www.dir-info.de/dokumente/bubis95)

[1] Massada – Felsenfestung in Israel, letzter Stützpunkt der jüdischen Glaubensgruppen nach der Eroberung Jerusalems unter Titus, von den Juden gegen die Römer verteidigt, 73 n. Chr. nach erbitterten Kämpfen erobert.
[2] Wiesel, Elie – Schriftsteller ungarischer Herkunft, 1986 Friedensnobelpreis, lebt in den USA, schreibt Romane und Erzählungen

Aufgabenstellung:

1. **Erarbeiten Sie die zentralen Aussagen der Rede.**
2. **Erörtern Sie, inwiefern Schlinks Roman „Der Vorleser" geeignet ist, an die Verbrechen in den Konzentrationslagern zu erinnern.**

Zusatzinformationen

1927: Ignatz Bubis wird im schlesischen Breslau geboren.
1941: Mit 14 Jahren muss Bubis auf Befehl der Nationalsozialisten mit seinem Vater ins Debliner Ghetto ziehen.
1942: Bubis Vater wird in das Konzentrationslager Treblinka deportiert und dort ermordet. Auch zwei seiner Geschwister kommen durch die Nationalsozialisten um.
1944 – Juni: Bubis wird in ein Arbeitslager in Tschenstochau deportiert, drei Tage bevor die Rote Armee Deblin erreicht.
1945 – 16. Januar: Tschenstochau wird von der Roten Armee befreit. Bubis entscheidet sich dafür, in Deutschland zu bleiben und nicht in die USA auszuwandern.
1999 Ende Juli gibt Bubis sein letztes Interview, das im „Stern" veröffentlicht wird. „Fast nichts" habe er in seiner Amtszeit als Präsident des Zentralrats der Juden bewirkt. Jüdische und nichtjüdische Deutsche seien einander fremd geblieben, so sein resigniertes Fazit. Trotzdem kündigt er seine erneute Kandidatur für das Amt des Zentralratsvorsitzenden an.
13. August: Ignatz Bubis stirbt im Alter von 72 Jahren.

Lösungsentwurf

Aufgabenart III A – Argumentative Entfaltung eines fachspezifischen Sachverhaltes im Anschluss an eine Textvorlage

Bezug – Lehrplan:
Jahrgangsstufe 12. 1 – 2. **Unterrichtsvorhaben:** kritische Auseinandersetzung mit gesellschaftlichen Missständen – **Umgang mit Texten:** Rede
Jahrgangsstufe 13. 1 – 1. **Unterrichtsvorhaben:** Entfremdungserfahrung im modernen Roman – **Umgang mit Texten**

Vorgaben zu den unterrichtlichen Voraussetzungen für die schriftlichen Prüfungen im Abitur in der gymnasialen Oberstufe im Jahr 2007
1. Öffentliche Rede
2. Schlink – Der Vorleser

Vorbereitung des Textes

Ansprache des Vorsitzenden des Zentralrates der Juden in Deutschland, Ignatz Bubis, anlässlich der Gedenkveranstaltung in Bergen-Belsen am 27. April 1995

Redner, seine Position/Ort/Datum der Rede/Anlass der Rede – Gedenkveranstaltung

Herr Bundespräsident, Frau Bundestagspräsidentin, Herr Bundeskanzler, Herr Vizepräsident des Bundesrates, Frau Präsidentin des Bundesverfassungsgerichts, meine Herren Bischöfe, Rabbiner, Exzellenzen, und insbesondere meine Damen und Herren, die früher die Häftlinge waren und heute unter uns weilen, sowie verehrter Herr Chaim Herzog, Staatspräsident des Staates Israel a. D., der Sie zu denen zählen, die am 15. April 1945 Bergen-Belsen befreit haben.

Anrede, zugleich Hinweis auf die Zuhörer und ihre besondere Bedeutung

Die Jüdische Gemeinschaft in aller Welt begeht heute den „Yom Hashoa we gwurah", den Gedenktag zur Erinnerung an das ermordete europäische Judentum und des heldenhaften Widerstandes in der Nazizeit.

Präzisierung des Anlasses der Rede: Erinnerung an die Opfer des Holocaust, aber auch des Widerstands während der Nazizeit

Dieser Tag geht zurück auf den 19. April 1943, den Tag der Zerstörung des Warschauer Ghettos, dessen wir nach jüdischer Zeitrechnung ebenfalls heute gedenken. Wir denken dabei an die Männer, Frauen und Kinder, die es vorgezogen haben, in einem ungleichen Kampf mit der Waffe in der Hand zu sterben, als sich willenlos in die Gaskammern deportieren zu lassen. Wir vergleichen sie mit den Helden von Massada, die ebenfalls bis zum letzten Mann kämpften und sich nicht ergeben wollten.

Präzisierung des Gedenkens: Erinnerung an die Zerstörung des Warschauer Ghettos

Vergleich mit Massada

Wir, die wenigen Überlebenden dieser Zeit, sind nicht in der Lage, einen Tag zur Erinnerung an unsere eigene Befreiung zu feiern, und dennoch ist der 8. Mai 1945 der Tag der Befreiung der Menschheit vom Nationalsozialismus und dessen Barbarei.

*Die Überlebenden können nicht **feiern**, jedoch **gedenken***

Zu wenige von uns haben überlebt und zu viele von uns wurden ermordet. Wie soll ich den Tag meiner eigenen Befreiung feiern – es war der 16. Januar 1945 – , wenn ich weiß, daß mein Vater, mein Bruder, meine Schwester, diesen Tag nicht erlebt haben? Wie sollen wir, die hier versammelten Überlebenden, unsere Befreiung feiern, wenn wir wissen, daß Millionen von uns diesen Tag nicht erlebt haben?

Tag der Befreiung = Erinnerung und Gedenken an die Millionen Opfer

Es ist ein Tag, an dem wir alle der Ermordeten, der Vernichteten unseres Volkes gedenken. Wir gedenken dabei zugleich und gemeinsam auch allen anderen Opfern der Nazi-Barbarei, die hier geknechtet, gequält, geschändet und umgebracht wurden, weil sie nach nationalsozialistischem Sprachgebrauch „andersrassig", „andersartig", „Untermenschen" oder politisch Andersdenkende waren. Gleiches galt für das sogenannte „unwerte Leben".

Schweigen oder Sprechen? Gründe für das Sprechen!

Viele Überlebende fragen sich, ob wir denn überhaupt das Recht haben, im Namen dieser Opfer zu sprechen und ob schweigendes Gedenken nicht angemessener wäre. Ich meine eindeutig nein und ich will dieses auch begründen: Nach dem 8. Mai 1945 haben wir alle geglaubt, daß Krieg und Unrecht nach den Lehren der Zeit des Nationalsozialismus mit mehr als 50 Millionen Toten und einem zerstörten und verwüsteten Europa die Menschheit gelernt hätte, in Frieden untereinander zu leben. Heute wissen wir, daß dem nicht so ist.

These – Menschheit hat aus den Lehren der NS-Zeit nichts gelernt

Viele haben Jahrzehnte ihr eigenes Erleben verschwiegen. Das war nicht nur bei den Tätern der Fall, sondern auch bei den Opfern, die wie durch ein Wunder überlebt haben. Elie Wiesel, selbst Überlebender von Auschwitz und Buchenwald, meinte, „man kann es nicht erzählen, aber man darf es nicht verschweigen". Wir dürfen es nicht um der Toten wegen, aber wir dürfen es auch nicht wegen der heutigen Generation und auch nicht wegen der künftigen Generationen. Wie wollen wir sonst aus der Geschichte lernen!

These – man kann über die Verbrechen nicht erzählen, man darf sie auch nicht verschweigen

*Fragen! Können nachfolgende Generationen Schrecken und Ausmaße der Verbrechen **verstehen**?*

Werden die nächsten Generationen sich überhaupt das eigentlich Unvorstellbare vorstellen können, wo doch schon wir gar nicht, oder kaum in der Lage sind, das Geschehene zu begreifen? Wie sollen künftige Generationen begreifen, daß es nach Schätzungen der Hamburger Forschungsstelle für die Geschichte des Nationalsozialismus, 1944 im Reichsgebiet etwa 38 000 Lager mit 5 721 833 ausländischen Zwangsarbeitern, überwiegend aus Polen und der Sowjetunion – davon in Berlin 700 Lager mit etwa 350 000 Insassen –, gegeben hat? Dazu kamen noch die vielen Lager mit 1,9 Millionen Kriegsgefangenen, die als Beschäftigte galten.

Wie sollen unsere Kinder und Enkelkinder über die Vernichtungslager wie Auschwitz, Treblinka, Maidanek, Sobibor und andere oder über die „nur" Konzentrationslager wie Bergen-Belsen, Sachsenhausen, Buchenwald oder Dachau erfahren und wie es in diesen Lagern zugegangen ist? Solche, sogenannte Konzentrationshauptlager, gab es 22 mit 1202 KZ-Außenkommandos.

Wie sollen unsere Kinder erfahren, daß zum Beispiel hier in Bergen-Belsen die unmenschlichen Verhältnisse so waren, daß noch nach der Befreiung bis Juni 1945 13 000 Menschen starben, die durch die Haftzeit so geschwächt waren, daß sie teilweise keine Nahrung mehr aufnehmen konnten? Müssen wir ihnen nicht erzählen, daß die britische Armee nach der Befreiung des Lagers Zehntausende von Toten vorgefunden hat, die noch nicht bestattet waren?

[…]

Der Drang zur Vernichtung war so ausgeprägt, daß noch 1945, als der Krieg längst verloren war, immer noch Hunderttausende von KZ-Insassen aus Lagern in Polen nach Deutschland transportiert oder auf Fußmärsche, die auch Todesmärsche genannt wurden, geschickt wurden und deren Arbeitskraft bis zur Vernichtung ausgebeutet wurde, bevor sie starben.

Todesmärsche

Meine Frau wurde aus Tschenstochau mit einem Transport nach hier, Bergen-Belsen, geschickt. Von hier über Allach nach Kaufering und Dachau, wo sie am 29. April befreit wurde. Ein Teil dieser Strecke legte sie zu Fuß zurück, die meisten der Mithäftlinge starben unterwegs. Obwohl die Fronten schon zusammengebrochen waren, gab es dennoch genügend SS-Bewacher, die für diese Transporte quer durch das Reich eingesetzt wurden.

Beispiel für einen Todesmarsch

Mit dieser Befreiung von der Gewaltherrschaft hat Deutschland eine Chance bekommen und die Bundesrepublik hat diese Chance genutzt. Mit der Gründung der Bundesrepublik ist hier eine Demokratie entstanden, wie es bis dahin auf deutschem Boden niemals der Fall war. Seit 1990 trifft dieses für das ganze Deutschland zu. Wir müssen alles tun, um diese Demokratie zu erhalten und zu entwickeln. Wir alle gemeinsam tragen diese Verantwortung.

These: Befreiung der Konzentrationslager zugleich Befreiung von der Diktatur und Voraussetzung für Demokratie – 1990 – mit Einbezug der neuen Bundesländer

Ich will hier und heute auch denjenigen danken – und es waren nicht wenige – die in der finsteren Zeit deutscher Geschichte oft unter Einsatz des eigenen Lebens, Menschen geholfen haben, damit diese überleben können.

Gedenken an alle Opfer der Verfolgung durch die Nationalsozialisten

Auch das darf nicht vergessen werden.

Analyse der Rede (mit strukturierter Checkliste)

Die systematische Untersuchung einer Rede sollte folgende Aspekte berücksichtigen, hieraus lässt sich zugleich die Gliederung der Bearbeitung entwickeln.

1. **Situation und Kontext**
   - Wo und wann wurde die Rede gehalten?
   - Redeanlass: In welchen thematischen oder politischen Zusammenhang ist die Rede einzuordnen?
   - Art der Rede (politische Rede, Gedenkrede, programmatische Rede, Propagandarede, Eröffnungsrede, Jubiläumsrede etc.)?

2. **Redner**
   - Wer ist der Redner, in welcher Funktion spricht er?
   - Was „verrät" er über sich?
   - Welche Absichten verfolgt er in seiner Rede?
   - Welche Überzeugungen, welche weltanschauliche, religiöse oder politische Position nimmt der Redner ein?
   - Welche Kompetenz hat er im Hinblick auf das Thema?

3. **Adressaten**
   - Wer sind die Zuhörer?
   - Welche Verbindung besteht zwischen den Zuhörern und dem Redner?
   - Welche Grundüberzeugung lässt sich bei ihnen vermuten? Welche Werte und Normen kann man voraussetzen?
   - Geht der Redner auf die Zuhörer ein?
   - Wie reagieren die Zuhörer auf den Redner?

4. **Inhalt**
   - Was ist das zentrale Thema der Rede?
   - Welche Schlüsselwörter, Schlagwörter, zentralen Begriffe usw. finden sich in der Rede?
   - Wie ist die Rede gegliedert?
   - Welche zentralen Thesen, Ideen stellt der Redner auf? Welche Absicht verfolgt der Redner?
   - Wie ist die Argumentation aufgebaut?
   - Wie begründet der Redner seine Argumente? (Verweis auf Normen und Autoritäten? Beweise, Behauptungen? Thesen, Antithesen?) Sind sie ausgerichtet auf Gefühle, auf Sachinformation, auf die Erwartungen der Zuhörer?
   - Führt er Beispiele an, verwendet er Zitate?
   - Ist die Argumentation logisch aufgebaut?

5. **Sprache und rhetorische Mittel**
   - Um welchen Redetyp handelt es sich? Information, Appell, Ausrichtung auf Gefühle?

- Welche sprachlichen Besonderheiten kennzeichnen die Rede? Wortwahl, Schlüsselwörter, Leitbegriffe?
- Was fällt im Hinblick auf Stilmittel auf? Tonfall – feierlich, aggressiv, sachlich, emotional?
- Welche rhetorischen Mittel werden verwendet? Welche Wirkung sollen sie erzielen?
- Welche Redestrategien werden verwendet? (Aufwertung, Abwertung usw.?)

Gliederung der Klausur

A) **Einleitung:** Situation und Anlass der Rede

B) **Hauptteil**
   1. Redner
   2. Zuhörer
   3. Inhalt der Rede
   4. sprachliche Merkmale der Rede

C) **Zusammenfassung** – Absicht der Rede und Übergang zur 2. Aufgabe

D) **Erörterung**
   1. These – Der Roman ist geeignet, an die Verbrechen zu erinnern.
      a) Er veranlasst, sich mit den Verbrechen zu befassen.
      b) Er beleuchtet das Problem der Opfer und Täter.
      c) Er beleuchtet das Problem des Vergessens und Verdrängens.
      d) Er spricht die jüngere Generation an.
   2. Gegenthese – Der Roman ist zu oberflächlich, um die „Barbarei" der Konzentrationslager angemessen darzustellen.
      a) Hannas Verbrechen werden verharmlost.
      b) Hannas Analphabetismus kann nicht als Begründung für Verbrechen herangezogen werden.
      c) Michaels Besuche der Konzentrationslager vermitteln kein hinreichendes Bild der Verbrechen.
   3. Synthese
      Der Roman spricht eine Vielzahl von Lesern an, damit wird das Thema wieder aktualisiert.

A) Einleitung

Anlass der Rede Situation und Kontext

Am 27. April 1995 hält der Vorsitzende des Zentralrates der Juden, Ignatz Bubis, in Bergen-Belsen eine Rede zum Gedenken an zwei bedeutsame Ereignisse: Zum einen soll der Befreiung des Konzentrationslagers Bergen-Belsen 50 Jahre zuvor, am 15. April 1945, gedacht werden, zum anderen feiert die jüdische Gemeinschaft in aller Welt am 27. April den Gedenktag „Yom Hashoa we gwurah". Dieser Gedenktag soll an den Widerstand der Juden im Warschauer Ghetto erinnern, zugleich aber auch an „das ermordete europäische Judentum".

Diese Anlässe für die Rede machen deutlich, dass die Rede in einem besonderen emotionalen Umfeld gesehen werden muss.

B) Hauptteil

Der Redner

Dem Redner, Ignatz Bubis, kommt in dieser außergewöhnlichen Situation eine besondere Bedeutung zu. Auf der einen Seite spricht Bubis als Präsident des Zentralrats der Juden als höchster Repräsentant der Juden in Deutschland; auf der anderen Seite spricht er als Überlebender eines Konzentrationslagers für die Millionen Opfer der nationalsozialistischen Verbrechen.

Damit erhält die Rede durch die herausragende Persönlichkeit des Redners ein besonderes Gewicht, zugleich aber auch eine kaum zu überbietende Überzeugungskraft, die noch durch den Ort, an dem sie gehalten wird, gesteigert wird.

Dass es ihm in dieser Situation um ein kollektives Erinnern aller Juden geht, zeigt Bubis, indem er an das gesamte „ermordete europäische Judentum" erinnert, sich in die Masse der Opfer einbezieht und zugleich für alle spricht, die überlebt haben.

Während Bubis im Hinblick auf das allgemeine Gedenken häufig das Personalpronomen „wir" als Identifikation mit den Opfern verwendet, spricht er an zentralen Stellen seine eigenen Gedanken und persönlichen Erlebnisse an oder bezieht die seiner Frau mit ein.

Die Zuhörer

Die Begrüßung der Zuhörer macht deutlich, dass die Gedenkrede von großer Bedeutung gewesen sein muss. Neben den höchsten Repräsentanten der Bundesrepublik Deutschland nehmen an dieser Gedenkfeier hohe kirchliche Würdenträger teil sowie diplomatische Vertreter vieler Länder („Exzellenzen"). Ganz besonders hervorgehoben werden ehemalige Häftlinge des Konzentrationslagers und vor allem der ehemalige Staatspräsident Israels, Chaim Herzog, der zu den Befreiern Bergen-Belsens zählt. Damit hat ein Teil der Zuhörer dieselben Erfahrungen wie der Redner und ist emotional unmittelbar durch die Gedenkfeier angesprochen.

Gerade die Überlebenden des Konzentrationslagers spricht Bubis in seiner Rede mehrfach an, ihnen stellt er Fragen nach den Möglichkeiten des Erinnerns, des Verstehens der Verbrechen und der Vermittlung der Leiden an die nachfolgenden Generationen.

Anlass, Ort, Redner und Zuhörer sind somit unmittelbar aufeinander bezogen. Zugleich ist damit auch die Thematik der Rede festgelegt: Erinnerung an die Verbrechen in den Konzentrations- und Vernichtungslagern und Gedenken an die Millionen Opfer.

Inhalt

Die Rede geht zunächst auf die Anlässe der Gedenkfeier ein, um dann die grundsätzliche Frage zu stellen, ob man – angesichts der großen Zahl der Ermordeten – die Befreiung des Konzentrationslagers „feiern" könne. Bubis beantwortet seine Frage selbst, wenn er davon spricht, dass man den Tag als Gedenken an alle Opfer des Nationalsozialismus nutzen solle. Zugleich stellt er aber auch seine eigene Rede in Frage, indem er fragt, ob die Überlebenden das Recht hätten, im Namen der Opfer zu sprechen, ob also „schweigendes Gedenken nicht angemessener wäre".

Geschickt leitet er mit der Antwort auf diese mögliche Frage zu dem zweiten wichtigen Anliegen seiner Rede über: Man könne die Erlebnisse nicht „erzählen", aber man dürfe sie auch nicht verschweigen, denn nur indem man davon berichte, könne man bei den nachfolgenden Generationen einen Denk- und Lernanstoß geben. „Wie … sonst (wollen wir) aus der Geschichte lernen!"

Allerdings stellt er zugleich in Frage, ob das „Unvorstellbare" überhaupt von den kommenden Generationen verstanden werden könne. Um das „Unvorstellbare" noch einmal vor Augen zu führen, konkretisiert Bubis Zahlen der Opfer, Anzahl der Lager und gibt Bespiele für die grausamen Verbrechen.

Dabei bezieht er das Schicksal seiner Frau ein und erinnert an die Todesmärsche, bei denen noch in den letzten Kriegswochen Zehntausende starben.

Zum Schluss seiner Rede geht Bubis auf die besondere Bedeutung des Kriegsendes und der Befreiung vom Nationalsozialismus ein, denn damit war zugleich der Zeitpunkt für die Gründung der Bundesrepublik Deutschland gegeben.

Mit den abschließenden Worten seiner Rede erinnert Bubis an diejenigen, die während des Dritten Reiches durch ihren persönlichen Einsatz Menschen gerettet haben.

Sprachliche Merkmale der Rede

Die Rede ist zunächst geprägt von einer großen Gemeinsamkeit zwischen Zuhörern und Redner. Daher kann Bubis darauf vertrauen, dass seine Zuhörerschaft bereit ist, seiner stark auf Emotionalität ausgerichteten Rede zu folgen.

Durch Worthäufungen mit Steigerung („geknechtet, gequält, geschändet und umgebracht"), durch Wiederholungen am Anfang von Absätzen („Viele", „Wie sollen …?") intensiviert Bubis seine Rede. Besonders nachdrücklich wirkt sie immer da, wo Bubis durch das Personalpronomen „wir" die Gemeinsamkeit mit seinen Zuhörern, aber auch mit den ermordeten Opfern herstellt.

In diesem Sinne verwendet Bubis auch das Grundkonzept der Rede: Er formuliert Fragen, die eher als rhetorische Fragen anzusehen sind. Diese Fragen verknüpft er mit Fakten, die in Nebensätzen durch "dass" eingeleitet werden (= faktive Nebensätze, die Wahrheitsanspruch haben). Dabei werden die Tatsachen durch genaue Zahlenangaben einerseits grundsätzlich überprüfbar, andererseits wirken sie auch im Hinblick auf den Umfang der Verbrechen, die sich hinter den Zahlen verbergen, erschreckend.

Zu Beginn und am Ende der Rede erzeugt Bubis besondere Betroffenheit der Zuhörer, indem er auf das Schicksal seiner Familie und den Überlebenskampf seiner Frau eingeht.

C) Zusammenfassung

Absicht der Rede und Übergang zur 2. Aufgabe

Bubis Text ist getragen von der Besorgnis, dass sich nach Kriegsende die Hoffnung darauf, dass „die Menschheit gelernt hätte, in Frieden untereinander zu leben", nicht bewahrheitet hat. Daher müsse an die schrecklichen Ereignisse in den Konzentrationslagern und Vernichtungslagern erinnert werden, um immer wieder deutlich zu machen, welchen Wert eine demokratische Grundordnung hat.

Weiterhin spricht Bubis die tiefe Sorge aus, dass das Ausmaß der Verbrechen, die Zahl der Opfer und die grausamen Einzelheiten wie etwa die Todesmärsche in Vergessenheit geraten könnten. Darum nutzt er den Anlass des Gedenktages, um besonders auf die Verantwortung seiner Generation einzugehen, kommende Generationen über die Verbrechen zu informieren und an sie zu erinnern.
Seine Hoffnung, dass es nie wieder derartige Verbrechen auf deutschem Boden geben werde, setzt er in die Kraft der Demokratie, allerdings macht sein letztes Interview 1999 deutlich, dass Bubis resigniert auf seine Amtszeit als Präsident des Zentralrats der Juden zurückblickt.

D) Erörterung

Einleitung

Bubis zitiert einen Überlebenden der Lager Auschwitz und Buchenwald, Elie Wiesel, mit dem zunächst widersprüchlichen Satz, „man kann es nicht erzählen, aber man darf es nicht verschweigen". Was Wiesel hier offensichtlich meint, hat Bubis in seiner Rede deutlich gemacht, indem er die nationalsozialistischen Verbrechen mit genauen Zahlen, Fakten und eigenen Erlebnissen belegt hat. Nicht die Erzählung, sondern die Information scheint ihm wichtig.
In demselben Jahr, 1995, dem 50. Jahrestag der Befreiung Deutschlands, erschien der Roman „Der Vorleser" von Schlink. In ihm wird von den Verbrechen in Konzentrationslagern „erzählt". In kurzer Zeit wurde der Roman zum Bestseller, auch im Ausland, blieb jedoch keineswegs unumstritten. Auf der einen Seite wurde in Rezensionen hervorgehoben, dass dieser Roman geeignet sei, an die Verbrechen im Dritten Reich zu erinnern, andere Rezensenten bestritten dies bis hin zur vehementen Ablehnung des Romans.

Hauptteil

1. These

Viele Rezensionen, die seit dem Erscheinen des Romans veröffentlicht wurden, deuten darauf hin, dass der Roman nicht zuletzt aufgrund seiner besonderen Machart geeignet ist, Interesse zu wecken, sich wieder genauer mit den Verbrechen des Dritten Reiches zu beschäftigen und Informationen jener Generation zu vermitteln, die

Der Roman ist geeignet, an die Verbrechen zu erinnern

Bubis in seiner Rede vor Augen hatte, nämlich die Generation der Enkel und Urenkel.

Schlink gelingt es, den Leser zunächst durch die Liebesgeschichte in den Roman hineinzuziehen, um ihm im zweiten und dritten Teil Hanna als Verbrecherin vorzustellen.

Eine Frau als Täterin veranlasst den Leser sich sehr viel intensiver mit dem Problem nationalsozialistischer Verbrechen in den Konzentrationslagern zu beschäftigen, weil die Tatsache, dass eine Frau Verbrechen begeht, ungewohnter und auch überraschender ist. Der Ausgangspunkt und der unerwartete Wendepunkt der Erzählung sind hervorragend geeignet, den Leser in Spannung zu halten. Mit dieser Technik vermag Schlink auch die brutalen Verbrechen, die im Prozess aufgerollt werden, an den Leser heranzutragen.

Die Darstellung des Strafprozesses ist zudem Anlass, sich über die individuelle Situation hinaus mit der juristischen Dimension der Verbrechen zu befassen. Von hier aus kann auch das Interesse geweckt werden, sich mit weiterführenden Materialien (z. B. Auschwitz-Prozesse 1963 und 1965) zu beschäftigen.

Zudem erinnert der Roman an die grausamen Todesmärsche, die Bubis in seiner Rede anspricht, und zeigt, dass es auch kurz vor Kriegsende noch „genügend SS-Bewacher (gab), die für ... Transporte quer durch das Reich eingesetzt wurden."

Hannas Lebensweg lässt beim Leser zwar kein Mitleid aufkommen, doch wird der Leser gezwungen, das Täterbild zu überdenken. In gewisser Weise ist Hanna Opfer ihrer Lebensumstände. Diese Opferrolle zieht sich bis in den Prozess hinein, in dem Hanna „zugibt" einen Bericht geschrieben zu haben. Damit kann zwar keinerlei Schuld aufgehoben werden, doch zeigt sich eine gewisse Ausweglosigkeit in Hannas Schicksal, wenn man ihren Charakter einbezieht, der keineswegs sympathisch ist.

In der Figur des Erzählers wird die Frage nach moralischer und rechtlicher Schuld fortgesetzt. Michaels Besuch des Konzentrationslagers Struthof macht deutlich, dass die Grundfrage in diesem Roman „Verstehen und ... Verurteilen" (S. 152) für Michael unlösbar ist.

Der Schluss des Romans zeigt dann sehr eindeutig, dass es für die Verbrechen, wie Hanna sie begangen hat, aus Sicht der Opfer keine Entschuldigung gibt. Die Zeugin, die Michael aufsucht, weist Hannas Geld zurück. Das

Geld anzunehmen, käme ihr vor „wie eine Absolution, die ich weder erteilen kann noch will." (S. 203)

2. Gegenthese

Kritiker des Romans sehen gerade in der Darstellung und Entwicklung der Täterin Hanna das besondere Problem der Aufarbeitung der Verbrechen. Indem die Tätergeneration durch eine Liebesbeziehung mit der nachfolgenden Generation verknüpft wird, wird eine emotionale Nähe aufgebaut, die eine distanzierte Haltung Michaels und auch des Lesers zu Hanna nicht zulässt.

Der Roman ist zu oberflächlich, um die „Barbarei" der Konzentrationslager angemessen darzustellen

Damit werden die geschilderten Verbrechen nicht nur personalisiert, sondern auch in ein unangemessenes emotionales Geflecht verwickelt. So wie Michael versucht, Hanna zu verstehen, ist der Leser geneigt, Hannas Täterprofil aus ihrer persönlichen Situation und ihrem Analphabetismus zu begreifen.

Der nachdrückliche Bericht der Gefängnisleiterin über die erfreuliche Entwicklung Hannas und über ihre Bemühungen, durch das Studium von wissenschaftlichen Berichten und persönlichen Darstellungen die NS-Zeit und ihre Verbrechen aufzuarbeiten, lassen die Täterin in einem positiven Licht erscheinen.

Es entsteht damit beim Leser der Eindruck, dass Hanna, hätte sie schon früher lesen können, zu den geschilderten Verbrechen nicht fähig gewesen wäre.

Hannas Starrsinn, ihren Analphabetismus nicht zuzugeben, führt letztlich auch zu ihrer Verurteilung; ihre Schuld an den Verbrechen wird damit noch einmal verringert. Die büßende Analphabetin Hanna wirkt für den Leser am Ende des Prozesses eher als Opfer denn als Täterin, doch die geschilderten Verbrechen gegen die Menschlichkeit dürften in dieser Form nicht verharmlost werden.

Die Mitverantwortung des Erzählers, der sich durch seine ehemalige Liebesbeziehung in den Schuldkomplex einbezogen fühlt, wirkt recht konstruiert und ebenso schwer nachvollziehbar wie die scheinbare Gemeinsamkeit, ihre Scham, aus der heraus sie handeln. Zwischen Erzähler und Täterin kann es eine derartige Übereinstimmung nicht geben. Hannas Scham, Analphabetin zu sein, aus der heraus sie zur Aufseherin in einem Konzentrationslager wird, hat eine völlig andere Dimension als Michaels Scham, Hanna geliebt und sie verraten zu haben. Wenn Michael sich schuldig fühlt, so ist seine moralische

Schuld gegenüber Hanna nicht zu vergleichen mit der verbrecherischen Schuld von Hanna.
Michaels Besuche im Konzentrationslager Struthof im Elsass und seine abschließende Bemerkung – „aber die fremde Welt der Konzentrationslager war mir ... nicht nähergerückt" – wirkt einfältig gegenüber der Vorstellungskraft von den Verbrechen, die Bubis in seiner Rede mit wenigen Informationen und Berichten vermittelt.

3. Synthese

So ernst zu nehmen die kritischen Anmerkungen sind, so gehen sie doch an einigen wesentlichen Aspekten des Romans vorbei: Weder der Autor noch der Roman erheben den Anspruch, eine Aufarbeitung von Verbrechen des Dritten Reiches zu sein. Der Roman ist nur ein individueller Ausschnitt zweier Schicksale, die sich durch Zufall gekreuzt haben und durch eine ungewöhnliche Liebesbeziehung aufeinander bezogen sind.

Hanna bleibt bis zu ihrem Selbstmord eine schwer verständliche Person, ihre Aggressivität schockiert schon im ersten Teil, ihr Starrsinn macht sie nicht sympathischer. Zudem vermittelt Schlink auch nicht den Eindruck, dass Hannas Analphabetismus eine Entschuldigung ihrer Verbrechen darstellt.

Wenn Bubis in seiner Rede fordert, dass an die Verbrechen erinnert werden müsse, dass man die nachfolgenden Generationen immer wieder aufrütteln müsse, so ist dieser Roman, trotz aller Einschränkungen, durchaus geeignet, eine breite Leserschaft mit den Verbrechen des Dritten Reiches zu konfrontieren.

Vergleichende Analyse von zwei literarischen Texten

Aufgabenart II C

> Der folgende Textauszug stammt aus **Max Frischs „Homo faber" (1957)**, der als einer der berühmtesten Romane der deutschen Literatur zu den modernen Klassikern zählt.
> **Nach einer glimpflich verlaufenen Notlandung in einem Wüstengebiet im Nordosten Mexikos kehrt der Ingenieur Walter Faber zu seinem Wohnsitz in New York zurück. Dort wird der Fünfzigjährige am Flughafen Idlewild (heute: John F. Kennedy International Airport) von seiner jungen Geliebten Ivy abgeholt ...**

Text 1

Max Frisch: „Homo faber" (1957)

Mein Aufenthalt in Venezuela [...] dauerte nur zwei Tage, denn die Turbinen lagen noch im Hafen, alles noch in Kisten verpackt, und von Montage konnte nicht die Rede sein –
20. IV. Abflug von Caracas.[1]
21. IV. Ankunft in New York, Idlewild.
Ivy stellte mich an der Schranke, sie hatte sich erkundigt, wann ich ankomme, und war nicht zu umgehen. Ob sie meinen Brief nicht bekommen habe? Sie küßte mich, ohne zu antworten, und wußte bereits, daß ich in einer Woche dienstlich nach Paris fliegen mußte; sie roch nach Whisky.
Ich redete kein Wort.
Man saß in unserem Studebaker[2], und Ivy steuerte zu meiner Wohnung. Kein Wort von meinem Wüsten-Brief! Ivy hatte Blumen besorgt, obschon ich mir aus Blumen nichts mache, dazu Hummer, dazu Sauternes[3]: zur Feier meiner Errettung aus der Wüste: – dazu wieder ihre Küsse, während ich meine Post durchging.
Ich hasse Abschiede.
Ich hatte nicht damit gerechnet, Ivy nochmals zu sehen und schon gar nicht in dieser Wohnung, die sie »unsere« Wohnung nennt.
Kann sein, ich duschte endlos –
Unser Krach beginnt, als Ivy mit einem Frottiertuch kommt, ich werfe sie hinaus – mit Gewalt leider, denn sie liebt Gewalt, dann hat sie das Recht, mich zu beißen –
Zum Glück klingelte das Telefon!
Nach meiner Verabredung mit Dick, der zu meiner Notlandung gratuliert, Verabredung zu einem Schach, findet Ivy, ich sei ein Rohling, ein Egoist, ein Unmensch, ich habe überhaupt keine Gefühle –
Ich lachte natürlich.

Sie schlägt mit beiden Fäusten, schluchzend, aber ich hüte mich, Gewalt zu brauchen, denn das möchte sie. Mag sein, daß Ivy mich liebte.
(Sicher war ich bei Frauen nie.)
Eine Viertelstunde später, als ich Dick anrief und mitteilte, daß ich leider doch nicht kommen könnte, hatte Dick unser Schach schon aufgestellt; ich entschuldigte mich, was peinlich war, ich konnte ja nicht sagen, warum und wieso, sagte nur, daß ich wirklich viel lieber ein Schach spielen würde –
Ivy schluchzte von neuem.
Das war 18.00 Uhr, und ich wußte ja genau, wie dieser lange Abend verlaufen würde, wenn wir nicht ausgingen; ich schlug ein französisches Restaurant vor, dann ein chinesisches, dann ein schwedisches. Alles vergeblich! Ivy behauptete einfach und gelassen, keinen Hunger zu haben. Ich behauptete: Aber ich! Ivy verwies auf den Hummer im Eisschrank, ferner auf ihr sportliches Kleid, das nicht für ein elegantes Restaurant paßte. Wie ich's übrigens finde, ihr Kleid? Ich hatte unseren Hummer schon in der Hand, um ihn in den incinerator [4] zu werfen, nicht gewillt, mich von einem Hummer zwingen zu lassen –
Ivy versprach sofort vernünftig zu sein.
Ich legte den Hummer wieder in den Eisschrank zurück, Ivy war einverstanden mit dem chinesischen Restaurant; nur war sie, wie ich zugeben mußte, sehr verheult, ein make-up unumgänglich.
Ich wartete –
Meine Wohnung, Central Park West, war mir schon lange zu teuer, zwei Zimmer mit Dachgarten, einzigartige Lage, kein Zweifel, aber viel zu teuer, wenn man nicht verliebt ist –
Ivy fragte, wann ich nach Paris fliege. Schweigen meinerseits.
Ich stand draußen und ordnete meine letzten Filme, um sie zum Entwickeln geben zu können; ich schrieb die Spulen an, wie üblich ... Der Tod von Joachim, davon zu sprechen hatte ich keine Lust, Ivy kannte ihn ja nicht, Joachim war mein einziger wirklicher Freund.
Warum ich so schweigsam tue?
Dick, zum Beispiel, ist nett, auch Schachspieler, hochgebildet, glaube ich, jedenfalls gebildeter als ich, ein witziger Mensch, den ich bewunderte (nur im Schach war ich ihm gewachsen) oder wenigstens beneidete, einer von denen, die uns das Leben retten könnten, ohne daß man deswegen je intimer wird –
Ivy kämmte sich noch immer.
Ich erzählte von meiner Notlandung –
Ivy pinselte ihre Wimpern.
Allein die Tatsache, daß man zusammen nochmals ausging, nachdem man sich schriftlich getrennt hatte, machte mich wütend. Aber davon schien Ivy ja nichts zu wissen, daß man sich getrennt hatte!
Plötzlich hatte ich genug –
Ivy malte ihre Fingernägel und summte –
Plötzlich höre ich mich am Telefon: Anfrage wegen Schiffplatz nach Europa, gleichgültig welche Linie, je rascher um so lieber. „Wieso Schiff?" fragte Ivy.

Es war sehr unwahrscheinlich, um diese Jahreszeit einen Schiffplatz nach Europa zu bekommen, und ich weiß nicht, wieso ich plötzlich (vielleicht bloß weil Ivy summte und tat, als wäre nichts gewesen) auf die Idee kam, nicht zu fliegen. Ich war selbst überrascht. Ich hatte Glück, indem ein cabin-class-Bett soeben freigeworden war – Ivy hörte, wie ich bestellte, und war aufgesprungen, um mich zu unterbrechen; aber ich hatte den Hörer bereits aufgelegt.

„It's okay!" sagte ich.

Ivy war sprachlos, was ich genoß; ich zündete mir eine Zigarette an, Ivy hatte auch meine Abfahrtzeit vernommen: „Eleven o'clock tomorrow morning." Ich wiederholte es.

„You're ready?" fragte ich und hielt ihren Mantel wie üblich, um mit ihr ausgehen zu können. Ivy starrte mich an, dann schleuderte sie plötzlich ihren Mantel irgendwohin ins Zimmer, stampfend, außer sich vor Zorn ...

(810 Wörter)

aus Max Frisch, Homo faber. Ein Bericht. Suhrkamp Verlag, Frankfurt a. M. 2004, S. 57 – 60

[1] Caracas: Hauptstadt des südamerikanischen Staates Venezuela
[2] Studebaker: Kraftfahrzeug einer US-amerikanischen Automobilmarke
[3] Sauternes: Weißwein aus dem südfranzösischen Ort Sauternes bei Bordeaux
[4] incinerator: Brennofen

Text 2

Theodor Fontane: „Irrungen, Wirrungen" (1887)

Botho wollte sofort zu Lene hinaus, und als er fühlte, dass er dazu keine Kraft habe, wollt er wenigstens schreiben. Aber auch das ging nicht. »Ich kann es nicht, heute nicht.« Und so ließ er den Tag vergehen und wartete bis zum andern Morgen. Da schrieb er denn in aller Kürze.

„Liebe Lene! Nun kommt es doch so, wie Du mir vorgestern gesagt: Abschied. Und Abschied auf immer. Ich hatte Briefe von Haus, die mich zwingen; es muss sein, und weil es sein muss, so sei es schnell ... Ach, ich wollte, diese Tage lägen hinter uns. Ich sage Dir weiter nichts, auch nicht, wie mir ums Herz ist ... Es war eine kurze schöne Zeit, und ich werde nichts davon vergessen. Gegen neun bin ich bei Dir, nicht früher, denn es darf nicht lange dauern. Auf Wiedersehen, nur noch einmal auf Wiedersehn. Dein B. v. R."

Und nun kam er. Lene stand am Gitter und empfing ihn wie sonst; nicht der kleinste Zug von Vorwurf oder auch nur von schmerzlicher Entsagung lag in ihrem Gesicht. Sie nahm seinen Arm, und so gingen sie den Vorgartensteig hinauf.

„Es ist recht, dass du kommst ... Ich freue mich, dass du da bist. Und du musst dich auch freuen."

Unter diesen Worten hatten sie das Haus erreicht, und Botho machte Miene, wie gewöhnlich vom Flur her in das große Vorderzimmer einzutreten. Aber

Lene zog ihn weiter fort und sagte: „Nein, Frau Dörr ist drin ..."

„Und ist uns noch bös?"

„Das nicht. Ich habe sie beruhigt. Aber was sollen wir heut mit ihr? Komm, es ist ein so schöner Abend, und wir wollen allein sein."

Er war einverstanden, und so gingen sie denn den Flur hinunter und über den Hof auf den Garten zu. Sultan regte sich nicht und blinzelte nur beiden nach, als sie den großen Mittelsteig hinauf und dann auf die zwischen den Himbeerbüschen stehende Bank zuschritten.

Als sie hier ankamen, setzten sie sich. Es war still, nur vom Felde her hörte man Gezirp, und der Mond stand über ihnen.

Sie lehnte sich an ihn und sagte ruhig und herzlich: „Und das ist nun also das letzte Mal, dass ich deine Hand in meiner halte?"

„Ja, Lene. Kannst du mir verzeihn?"

„Wie du nur immer frägst. Was soll ich dir verzeihen?"

„Dass ich deinem Herzen wehe tue."

„Ja, weh tut es. Das ist wahr."

Und nun schwieg sie wieder und sah hinauf auf die blass am Himmel heraufziehenden Sterne.

(414 Wörter)

aus: Theodor Fontane, Irrungen, Wirrungen. Klett Verlag, Stuttgart 2004, S. 85 – 86

Aufgaben:
1. Analysieren Sie den Textausschnitt aus Max Frischs Roman „Homo faber" aus dem Jahre 1957.
2. Arbeiten Sie auf der Grundlage des Auszugs aus Theodor Fontanes Roman „Irrungen, Wirrungen" aus dem Jahre 1887 Unterschiede in Inhalt und Form heraus.

Lösungsentwurf

Aufgabenart II C – Vergleichende Analyse von zwei literarischen Texten

Bezug – Lehrplan:
Jahrgangsstufe 12.2 – **1. Unterrichtsvorhaben:** mythische Muster in Dramen, Erzähl- und Medientexten – **Umgang mit Texten: Epochen, Gattungen:** mythische Muster in Dramen und Erzähltexten unterschiedlicher Epochen – **Reflexion über Sprache:** Metaphern und Symbole als Formen des indirekten Sprechens in Vergangenheit und Gegenwart.
Jahrgangsstufe 13.1 – **1. Unterrichtsvorhaben:** Entfremdungserfahrung im modernen Roman – **Umgang mit Texten: Epochen, Gattungen** – Epochenumbruch 19./20. Jh. – 1945 bis heute – Roman, Erzählung

Vorgaben zu den unterrichtlichen Voraussetzungen für die schriftlichen Prüfungen im Abitur in der gymnasialen Oberstufe im Jahr 2007 im Fach Deutsch
Inhaltliche Schwerpunkte
- Umgang mit Texten:
  Epochenumbruch 19./20. Jh. – unter besonderer Berücksichtigung der Entwicklung von Erzählformen: Theodor Fontane: „Irrungen, Wirrungen"

Gliederung

I. Analyse Text 1 (Frisch: „Homo faber")
   1. Einleitung
   2. Analyse
      a) Inhalt
      b) Personen
II. Vergleich „Homo faber" – „Irrungen und Wirrungen"
   1. Inhalt
      a) Inhaltsangabe „Irrungen und Wirrungen"
      b) Gemeinsamkeit Text 1 und Text 2
      c) Unterschiede im Inhalt
   2. Form
III. Interpretation – abschließender Vergleich

Vorüberlegungen zur Klausur

I. **Analyse Text 1 (Frisch: „Homo faber")**
   Einleitung: Autor, Titel, Textsorte, Erscheinungsjahr
               Thema: wechselseitige Entfremdung eines Paares
   Analyse: **Inhalt**   Szene der Trennung
               Personen der Erzähler – äußerlich: Erfolgstyp
                                   innerlich: kontakt- und menschenscheu, gefühlsarm, gefühlskalt, herrschsüchtig, unbeherrscht
                         die Geliebte – äußerlich: ohne individuelles Profil, oberflächlich-wechselhaft, Symptome der Sucht
                                   innerlich: liebes- und bindungsbedürftig, einsam, unglücklich, abhängig von Situationen

II. **Vergleich „Homo faber" (1957) – „Irrungen, Wirrungen" (1887)**
   1. **Inhalt:** a) **Inhaltsangabe** Textauszug „Irrungen, Wirrungen"
                b) **Gemeinsamkeit Text 1 – Text 2:** Trennungsszene
                c) **Unterschiede Inhalt:** „Irrungen"   – „Homo faber"

	„Irrungen"	„Homo faber"
	romantisches Liebesideal	– pragmatische Weltsicht
	Einzigartigkeit des Anderen	– Austauschbarkeit des Anderen
	Gemeinschaft	– Gegnerschaft

   2. **Form:**   **Unterschiede Erzählform:**   Fontane   – Frisch
   - Erzählperspektive: personal   – Ich-Form
   - Darbietungsform: erzählend   – berichtend, beschreibend
   - Erzählhaltung: einfühlsam   – nüchtern-distanziert
   - Sprache: komplex   – umgangssprachlich
   - Satzbau: hypotaktisch   – parataktisch, elliptisch

   3. **Interpretation**

I. **Analyse Text 1 (Frisch – Homo faber)**

Der Ausschnitt aus Max Frischs Roman „Homo faber" aus dem Jahre 1957 zeigt den Endpunkt der wechselseitigen Entfremdung eines Paares.
              Einleitung

Nach der Rückkehr von einer Dienstreise wird der Erzähler in New York von seiner Geliebten Ivy mit Blumen
              Inhalt

und Küssen empfangen, obwohl „man sich schriftlich getrennt hatte". Aus Verärgerung darüber, dass sie seinen „Wüsten-Brief" mit der Abschiedsbotschaft offenkundig ignoriert und ihn mit einem vorbereiteten Abendessen zur Feier seiner „Errettung aus der Wüste" einlädt, wechselt er während der gemeinsamen Fahrt zu seiner Wohnung, die sie „'unsere Wohnung'" nennt, „kein Wort" mit ihr. In der Wohnung reagiert er mit Ausweichmanövern auf ihre Anwesenheit, indem er die Post durchgeht, ausgiebig duscht, eine telefonische Einladung zum Schachspiel annimmt und später seine „letzten Filme" ordnet und beschriftet. Da er damit ihre Hoffnung auf einen gemeinsamen romantischen Abend unterläuft, entlädt sich der schwelende Konflikt zwischen den Beiden in Beschimpfungen (Ivy findet, „ich sei ein Rohling, ein Egoist, ein Unmensch, ich habe überhaupt keine Gefühle –") und in Ausbrüchen der Verzweiflung („Ivy schluchzte von neuem."). Rasch eskaliert der „Krach" in Akten physischer Gewalt, die sadomasochistische Züge aufweisen:
„Unser Krach beginnt, als Ivy mit dem Frottiertuch kommt, ich werfe sie hinaus – mit Gewalt leider, denn sie liebt Gewalt, dann hat sie das Recht, mich zu beißen.[...].
Sie schlägt mit beiden Fäusten, schluchzend, aber ich hüte mich, Gewalt zu brauchen, denn das möchte sie."
Schließlich einigen sich beide entgegen allen ursprünglichen Absichten darauf, nun doch gemeinsam auszugehen und den „lange[n] Abend" in einem chinesischen Restaurant zu verbringen. Während Ivy sich zur Vorbereitung ‚schminkt', sich ausgiebig ‚kämmt', ‚ihre Wimpern pinselt', ihre ‚Fingernägel malt' und dabei ‚summt', entschließt er sich unvermittelt dazu, eine bevorstehende Reise nach Paris nicht im Flugzeug zu unternehmen, sondern telefonisch einen „Schiffplatz nach Europa" zu buchen. Als Ivy erfährt, dass er bereits am kommenden Vormittag und nicht – wie vorgesehen – erst eine Woche später nach Paris startet, bekommt sie einen Wutanfall.

Der Erzähler hat als Ingenieur mit der Montage von Turbinen zu tun. Er ist es gewohnt, für lange Zeit und weit zu reisen (Venezuela, New York, Paris), und er kann sich die Finanzierung einer **teuren Wohnung** in „einzigartige[r] Lage" am Central Park in New York leisten. Offenbar ist er alleinstehend und ohne Familie, da die Wohnung lediglich über „zwei Zimmer mit Dachgarten" verfügt. Ein Markenauto („Studebaker"), Hummer und Bordeaux-Wein weisen auf einen **aufwändigen Lebensstil** hin.

Personen

der Erzähler

nach außen hin: Erfolg und Wohlstand

nach innen hin: private Probleme

Die nach außen hin **beruflich und materiell zufriedenstellende Situation** des Protagonisten steht in einem direkten **Gegensatz zu seiner privaten Situation und zu seiner inneren Verfassung**. Er hat geglaubt, durch einen einzigen Abschiedsbrief die Trennung von seiner Freundin, in die er „nicht verliebt ist", erwirken und auf diese Weise problemlos seine Freiheit wiedererlangen zu können. Doch schon bei seiner Ankunft am Flughafen ist Ivy „nicht zu umgehen." Indem sie durch Bekundungen unverminderter Zuneigung (Blumen, Küsse, Vorbereitung eines Abendessens) alles unternimmt, um den Schein einer glücklichen Beziehung aufrecht zu erhalten, gerät er in eine **Zwangslage**, die ihn zum Gefangenen in den eigenen vier Wänden macht und ihn dadurch zu **Fluchtanstrengungen** nötigt:

> Ich „wusste ja genau, wie dieser lange Abend verlaufen würde, wenn wir nicht ausgingen; ich schlug ein französisches Restaurant vor, dann ein chinesisches, dann ein schwedisches. Alles vergeblich! Ivy behauptete einfach und gelassen, keinen Hunger zu haben. Ich behauptete: Aber ich! Ivy verwies auf den Hummer im Eisschrank, ferner auf ihr sportliches Kleid, das nicht für ein elegantes Restaurant passte [...]. Ich hatte unseren Hummer schon in der Hand, um ihn in den incinerator zu werfen, nicht gewillt, mich von einem Hummer zwingen zu lassen –"

von innen her: Unsicherheit und Schwäche

Der Erzähler wendet viel Energie auf, um einen Zustand persönlicher und emotionaler Nähe mit Ivy im privaten Raum der eigenen Wohnung zu verhindern. Dass **zwischenmenschliche Gefühle und Verbindlichkeit im Persönlichen ihm zuwider** sind, gibt er direkt zu, als er an seinem Schachpartner Dick die Eigenschaft lobt, „einer von denen" zu sein, „die uns das Leben retten könnten, ohne daß man deswegen je intimer wird –".

Sein Verhalten ist durch **zur Schau getragene Gleichgültigkeit** und durch **Sarkasmus** bestimmt. So geht er während ihrer Küsse zu seiner Begrüßung in der Wohnung ‚seine Post durch' und begegnet ihrem Vorwurf, dass er „überhaupt keine Gefühle" habe, mit bloßem Lachen. Er empfindet **Lust** dabei, Ivy **zu verletzen** („Ivy war sprachlos, was ich genoß; ich zündete mir eine Zigarette an [...]."), hat jedoch zugleich Sorge um sein eigenes Ansehen, indem er etwa die für ihn notwendig gewordene Absage eines vereinbarten Schachspiels als „peinlich" bezeichnet.

Die Persönlichkeit des Erzählers erweist sich als **äußerst labil**. Seine **aggressive und negative Grundhaltung** („ich hasse", „die Tatsache [...] machte mich wütend.") treibt ihn dazu, seine Freundin zu schlagen (Ich „werfe sie hinaus – mit Gewalt leider [...]". Zugleich **weicht** er selbst **Konflikten aus** („ich duschte endlos –"), und er zeigt sich in seiner **Hilflosigkeit** erleichtert, als der drohende Umschlag des Streits mit Ivy in exzessive körperliche Gewalt durch einen Telefonanruf verhindert wird („Zum Glück klingelte das Telefon!"). Das **Gefühl der Ohnmacht** angesichts einer für ihn nicht mehr beherrschbaren Situation führt spontan zum totalen Überdruss („Plötzlich hatte ich genug –") und zum abrupten **Verlust der Selbstkontrolle**, indem sein Verhalten durch unwillkürliche Handlungsweisen gesteuert wird: „Plötzlich höre ich mich am Telefon [...]." Hier wird deutlich, dass der Protagonist sozusagen aus sich heraus tritt und seine eigenen Handlungen wie diejenigen eines Fremden aus der Außenperspektive wahrnimmt.

Obwohl er in der Selbstdarstellung sein abwehrendes Verhalten und seine ablehnende Haltung gegenüber der Frau rechtfertigt, äußert der Erzähler mitunter **Zweifel an seiner Position**. Er räumt ein, dass ihre Liebe echt sein könnte („Mag sein, dass Ivy mich liebte.") und er sich ohnehin bei Frauen „nie" sicher war.

Ivy zeigt sich der Tatsache gegenüber, dass der Erzähler die Beziehung beenden und sie verlassen will, ebenfalls nicht gewachsen. Sie teilte bislang in einem buchstäblichen Sinn sein Leben, indem sie sein Auto und seine Wohnung mit benutzte. Ansonsten erhält der Leser in dem vorliegenden Textauszug **keine konkreten Angaben zu ihren beruflichen und privaten Lebensverhältnissen**. Sie bleibt für den Leser ebenso anonym wie sie dem Erzähler fremd erscheint.

Ihre Versuche zur Problembewältigung bestehen in der **Flucht in den Alkohol** als Form der **Verdrängung** („sie roch nach Whisky."), in wiederholten **Tränenausbrüchen** („Ivy schluchzte von neuem.") und in heftigen **Wutanfällen** („Ivy starrte mich an, dann schleuderte sie plötzlich ihren Mantel irgendwohin ins Zimmer, stampfend, außer sich vor Zorn ..."). Im Bild der Autofahrerin („Ivy steuerte zu meiner Wohnung.") nehmen ihre Anstrengungen zur Richtungsweisung buchstäblich Gestalt an, doch scheitert sie zwangsläufig, weil ihr **Verhältnis zum Mann durch fehlende Selbstbestimmung und durch Hörigkeit bestimmt** zu sein scheint.

die ungeliebte Geliebte – Ivy

Informationen zur Person

Informationen zur Persönlichkeit

II. Vergleich Homo faber – Irrungen, Wirrungen

Inhalt

Der vorliegende **Auszug aus Theodor Fontanes Roman „Irrungen, Wirrungen"** aus dem Jahre 1887 stellt den **Moment der offiziellen Trennung des jungen Barons Botho von Rienäcker von seiner Geliebten Lene** dar. Er verlässt die Plätterin aus ständischen und vor allem aus finanziellen Gründen, um seine vermögende Kusine zu heiraten. Nachdem er ihr bereits brieflich den endgültigen Abschied angekündigt hat, begibt er sich abends zu der jungen Frau, die ihn „wie sonst" empfängt. Ihre **Selbstbeherrschung** äußert sich in der **Souveränität**, mit der sie ihren Liebhaber ohne den „kleinste[n] Zug von Vorwurf" begrüßt. Sie schafft eine **Atmosphäre der Normalität**, indem sie „seinen Arm [nimmt]" und erklärt, dass sie sich über sein Kommen freue. Auf Lenes Wunsch hin gehen sie in der ausdrücklichen Gewissheit, dass dies die letzte gemeinsame Zusammenkunft sein wird, in den Garten, wo sie auf seine Frage hin, ob sie verzeihen könne, mitteilt, dass es ihr „weh tut", jedoch zugleich in einer rhetorischen Frage zu erkennen gibt, dass sie für sein Verhalten **Verständnis** hat: „Sie lehnte sich an ihn und sagte ruhig und herzlich: ‚Und das ist nun also das letzte Mal, dass ich deine Hand in meiner halte?'"

Gemeinsamkeiten Text 1 – Text 2

Beide Texte – der Ausschnitt aus Max Frischs „Homo faber" und derjenige aus Theodor Fontanes „Irrungen, Wirrungen" – zeigen **ein ungleiches Paar im Moment der Trennung**. Die jungen Frauen sind jeweils zuvor von den Liebhabern schriftlich über die anstehende Trennung informiert worden und erwecken bei der anschließenden persönlichen Begegnung zunächst den Eindruck, als ob die Verbindung unverändert fortbestünde.

Unterschiede Frisch – Fontane

„Irrungen, Wirrungen" – Zweisamkeit im Unglück

Im Gegensatz zu Frischs Roman zeigt Theodor Fontane eine Frau und einen Mann, die sich gegenseitig lieben und durch gesellschaftliche Barrieren daran gehindert werden, ein gemeinsames glückliches Leben zu führen. Über die Standesgrenzen hinweg offenbaren die wechselseitigen Mitteilungen der Arbeiterin und des Adligen eine **unverhüllte Sprache der Gefühle**, die einen **hohen Grad an Sensibilität und Vertrautheit** deutlich macht. Trotz Entsagung und Leid bleibt in Fontanes „Irrungen, Wirrungen" ein **romantisches Lebensgefühl** bestehen, das die **Liebe** von ihrer Erfüllung in einer zukünftigen Gemeinschaft abzukoppeln vermag und sie im Fortbestand der seelischen und geistigen Bindung ideell überhöht. Ihren unmittelbaren Ausdruck erfährt dieser Gedanke in dem **äußeren Idyll der Abschiedsszene**: Lene nimmt „seinen Arm" und sie gehen „den äußeren Vorgartensteig hinauf", um schließlich „über den Hof auf den Garten" zuzugehen „und dann auf die zwischen den Himbeerbüschen stehende Bank" zuzuschreiten: Die Naturdarstellung spiegelt die **innere Harmonie**, die den beiden Liebenden trotz der gesellschaftlich gesetzten Barrieren die Gewissheit gibt, dass ihre **wechselseitige Zuneigung** objektiv unverbrüchlich ist: „Als sie hier ankamen, setzten sie sich. Es war still, nur vom Felde her hörte man ein Gezirp, und der Mond stand über ihnen."

Die **vielsagende „Stille"**, die **als Leitmotiv der Abschiedsszene in „Irrungen, Wirrungen"** die innere Zusammengehörigkeit der beiden Liebenden zum Ausdruck bringt, verkehrt sich in dem Auszug aus Max Frischs Roman „Homo faber" zum **Leitmotiv der Kommunikationsverweigerung** („Sie küsste mich, ohne zu antworten." – „Ich redete kein Wort." – „Kein Wort von meinem Wüsten-Brief!" – „Schweigen meinerseits."). Das persönliche Gespräch dort („'Und das ist nun also das letzte Mal, dass ich deine Hand in meiner halte?' – ‚Ja, Lene. Kannst du mir verzeihn?'") verliert sich hier in der **technischen Ersatzform des weitgehend unpersönlichen Telefongesprächs**, mit dem gemeinsame Schachspiele und Reisen organisiert werden. Als der Erzähler von seiner Notlandung erzählt, „pinselt[ ]" Ivy – offenbar unbekümmert – „ihre Wimpern" zur Vorbereitung des Restaurantbesuches. **Selbstentfremdung und wechselseitige Entfremdung** kommen im Gebrauch des unpersönlichen **Pronomens „man"** („Man saß in unserem Studebaker" – „wenn man nicht verliebt ist") zum Ausdruck, das an die Stelle der möglichen Personalpronomen „ich" und „wir" tritt.

„Homo faber" – das Unglück der Einsamkeit

Das Motiv der inneren Naturverbundenheit in „Irrungen, Wirrungen" („Und nun schwieg sie wieder und sah hinauf auf die blass am Himmel heraufziehenden Sterne.") löst sich zugleich in Frischs „Homo faber" völlig auf, wo die **Natur nur noch in der Reliktform der Blumen und des Hummers** erscheint. Die Welt ist in Frischs „Homo faber" vielmehr wesentlich durch **Technik** bestimmt: Der Flughafen als Handlungsort, Flugzeug, Auto und Schiff als Transportmittel, der Telefonapparat als Kommunikationsmittel, das Restaurant als Ort der Begegnung und die Uhr als Zeitmesser („Das war 18.00 Uhr") beherrschen die Szenerie und den Menschen, der sich in einem **fortwährenden Zustand unausweichlicher Einsamkeit** befindet.

Form	Die **Verarmung der Gefühlswelt** spiegelt sich in der **Verkümmerung der Sprache**. Die Sätze des Ich-Erzählers sind durchgängig kurz und sachlich („Ich redete kein Wort.") und bleiben selbst dort ohne Erklärung, wo ihre Aussage einer erläuternden Kommentierung oder Begründung bedürfte („Ich hasse Abschiede." – „Ich lachte natürlich."). Wiederholt bestehen die Sätze lediglich aus der Basisform von Subjekt, Prädikat und Objekt („Plötzlich hörte ich mich am Telefon"), um bisweilen sogar die grammatikalisch unvollständige Form des Telegrammstils anzunehmen: „Anfrage wegen Schiffplatz nach Europa, gleichgültig welche Linie, je rascher umso lieber. „'Wieso Schiff?' fragte Ivy."
Unterschiede der Erzählform	
Satzbaumuster (Syntax)	
Parataxe: einfache, kurze Sätze (Gegenteil: **Hypotaxe**)	
Form der Ellipse: grammatikalisch unvollständige Sätze	
Erzählhaltung: sachlich – nüchtern – distanziert	Aus vermeintlich nüchterner Distanz stellt der Erzähler beispielsweise das Verhalten seiner Freundin so dar, als ob es sich bei ihr um eine fremde Frau handelte: „Ivy kämmte sich noch immer" – „Ivy pinselte ihre Wimpern" – Ivy malte ihre Fingernägel und summte –". In Wirklichkeit jedoch entsteht mit der Ich-Perspektive ein unmittelbarer Gegensatz zur anderen Person, die in der Akzentuierung des Gegensatzes Ich – Ivy als feindliche Figur erscheint.

III. Interpretation – abschließender Vergleich

In beiden Texten entsprechen sich jeweils Form und Inhalt: Während in **Fontanes „Irrungen, Wirrungen"** die **traditionelle Erzählweise des realistischen Erzählens** die Welt des ausgehenden 19. Jahrhunderts zwar in ihren objektiven gesellschaftlichen Widersprüchen, zugleich aber noch im Fortbestand der subjektiven Sehnsucht nach Einheit zeigt, bildet **Frischs „Homo faber"** in der Nachkriegszeit in einer **modernen Erzählweise** den Bruch in einer zwischenmenschlichen Beziehung ab: Die Darstellung der Ereignisse erfolgt in der **Form des Berichts und der Beschreibung von Szenen**, jedoch in einer **gleichzeitigen Unmittelbarkeit des persönlichen Erlebens**, die offenbart, wie sehr diese Szenen vom erzählenden Ich als bedrohlich wahrgenommen werden. Die zahlreichen **Gedankenstriche am Ende von Sätzen** markieren **Leerstellen**, die auf die **Unabgeschlossenheit und Brüchigkeit der äußeren und inneren Welt** verweisen und zeigen, wie das Bemühen um sprachliche Gestaltung der Wirklichkeit in einem Ton distanzierter Sachlichkeit scheitert, weil das erzählende Ich voller **Angst und Unsicherheit** ist.

4. Teil

Das mündliche Abitur

1. Formale Voraussetzungen

- Wenn Sie Deutsch als 4. Abiturfach gewählt haben, müssen Sie eine mündliche Prüfung ablegen.
- Allerdings können Sie auch freiwillig an einer mündlichen Prüfung teilnehmen, wenn Sie hoffen, hierdurch eine höhere Punktzahl und damit eine bessere Durchschnittsnote zu erzielen.
- Außerdem wird eine Prüfung angesetzt, wenn Ihre schriftliche Arbeit im Fach Deutsch um vier und mehr Punkte von Ihrer Durchschnittsnote abweicht.
- Weiterhin kann der Zentrale Prüfungsausschuss eine mündliche Prüfung ansetzen, wenn Sie zum Bestehen des Abiturs noch Punkte benötigen (Diese Vorschriften gelten nicht, wenn Sie Deutsch als 4. Abiturfach gewählt hatten).

Die mündliche Prüfung nimmt im Rahmen des Zentralabiturs derzeit noch eine besondere Stellung ein, da Sie von Ihrem Fachlehrer betreut werden. Er stellt das Thema und führt anschließend das Gespräch.
Sie haben als Prüfling den Vorteil, dass Ihr Prüfer sich im Hinblick auf die Themen sehr gut auf Sie einstellen kann, da er genau weiß, welche Stoffe behandelt wurden. Außerdem haben Sie die Gewähr, dass Sie nicht „kalt erwischt" werden, denn Ihr Prüfer weiß auch, wie intensiv bestimmte Bereiche bearbeitet wurden. Damit entfallen Unsicherheiten, die ansonsten beim Zentralabitur bestehen.

Die Anforderungen

Grundsätzlich orientiert sich die mündliche Prüfung an den Vorgaben für das schriftliche Abitur, das heißt, die Obligatorik, die Anforderungsbereiche und die Fachmethoden, die Sie anwenden sollen, sind dieselben wie im schriftlichen Abitur.
Allerdings sind die Aufgabenarten – wegen der geringeren Vorbereitungszeit – vereinfacht:

Aufgabenarten

> Aufgabenart 1 – Analyse **eines** Sachtextes
> Aufgabenart 2 – Analyse **eines** literarischen Textes
> Aufgabenart 3 – Argumentative Entfaltung eines fachspezifischen Sachverhaltes oder eines Problems, dessen fachlicher Hintergrund aus dem Deutschunterricht bekannt ist.
>
> Die Aufgabenstellung zu den Aufgabenarten 1 und 2 sollte einen Bearbeitungsschwerpunkt benennen (z. B.: … und setzen Sie sich abschließend mit den Thesen auseinander), weiterhin muss deutlich gesagt werden, welche Operationen Sie ausführen sollen (z. B. Interpretation oder Herausarbeiten der wesentlichen Gedanken).

Der Text, den Sie erhalten, wird in der Regel nicht länger sein als eineinhalb Seiten DIN-A-4 mit 1 ½-zeiligem Abstand (12 Punkte-Schrift). Außerdem sollte dieser Text so ausgewählt sein, dass sich daran ein vertiefendes Fachgespräch mit Ihnen anschließen kann.

Die mündliche Prüfung gliedert sich in zwei Teile, die von Ihnen sehr Unterschiedliches verlangen (vgl. auch Vorbereitung und Planung).

Der erste Prüfungsteil, der etwa 10 Minuten umfassen sollte, besteht aus Ihrem **Vortrag**, in dem Sie die Ihnen gestellte Aufgabe nach einer Vorbereitung von 30 Minuten zu lösen haben. Sie sollten während des Vortrags nur unterbrochen werden, wenn sich zeigt, dass Sie einen grundlegenden Fehler begangen haben.

1. Prüfungsteil

> **Tipp 1:** Nutzen Sie die 10 Minuten aus, damit der Prüfer nicht gezwungen ist, noch weitere Fragen anzuschließen.
> **Tipp 2:** Nehmen Sie in dieser Phase verstärkt Blickkontakt mit den Mitgliedern der Prüfungskommission auf, im 2. Teil sollten Sie sich auf Ihren Prüfer konzentrieren; da Sie ja mit ihm ein Gespräch führen (zugleich können Sie an der Mine Ihres Prüfers erkennen, ob Sie „richtig oder falsch liegen").

Tipp

2. Prüfungsteil Der zweite Prüfungsteil: Ihr Fachprüfer wird nun mit Ihnen ein **Gespräch** über umfassendere fachliche Zusammenhänge führen. Nicht selten geht Ihr Prüfer von Gedanken, Hinweisen und Aspekten aus, die von Ihnen angesprochen worden sind: etwa zur allgemeinen Thematik, zur Epoche, zu Motiven usw.

Tipp **Tipp 3:** Begehen Sie nicht den Fehler, beispielsweise ein Werk zu erwähnen, das Sie nicht gelesen oder nicht verstanden haben, denn Ihr Prüfer könnte, gerade um Ihnen eine Chance zu geben, genau darauf eingehen.

Da die mündliche Prüfung sich im Stoff **nicht auf ein Halbjahr** beschränken darf, sondern umfassendere Kenntnisse aus mindestens zwei Halbjahren fordert, geht das Gespräch über den im 1. Teil geforderten Sachverhalt hinaus.

Der Prüfer wird versuchen, keine unzusammenhängenden Fragen zu stellen: Erleichtern Sie es ihm, indem Sie sich auf ein Gespräch einlassen.

Tipp **Tipp 4:** Warten Sie also nicht auf Fragen, sondern versuchen Sie Ihr Wissen durch geschickte Überleitungen, Vergleiche, Hinweise einzubringen und damit das Gespräch mitzubestimmen; das wird Ihnen übrigens positiv angerechnet. Fallen Sie aber Ihrem Prüfer nicht ins Wort.

In diesem **Fachgespräch** ist einerseits Ihre Fähigkeit gefordert, Impulse Ihres Fachlehrers aufzugreifen und Zusammenhänge rasch zu erfassen, andererseits auch Ihre Fertigkeit, angemessen zu formulieren.

Die mündliche Prüfung dauert insgesamt zwischen 20 und 30 Minuten.

Bewertung

Ihr Vortrag und das Gespräch werden von der Prüfungskommission, die aus dem Vorsitzenden, Ihrem Fachprüfer sowie dem Protokollführer besteht, nach den Kriterien beurteilt, die Sie auf den Seiten 31 ff. finden.

Zusätzlich zu diesen Kriterien, die sich stärker auf das Inhaltliche beziehen, werden die folgenden **Kriterien** ergänzend herangezogen:

1. Teil – Vortrag
- Gliederung Ihres Vortrags
- „Zeitgefühl", das heißt, dass Sie in der vorgegebenen **Vorbereitungszeit** (30 Minuten) zu einem angemessenen Ergebnis gekommen sind und dies in der vorgeschriebenen **Prüfungszeit** 10 – 12 Minuten vortragen
- freier Vortrag unter Verwendung von eigenen Aufzeichnungen. Denken Sie daran, dass Sie auch aus dem Text zitieren können, markieren Sie wichtige Stellen
- angemessene Sprache (Wortwahl, Satzbau)
- differenzierte und klare Begrifflichkeit und Verwendung von Fachbegriffen
- deutliche Aussprache

Vortrag – Bewertung

2. Teil – Gespräch
Zusätzlich wird das Gespräch nach Ihrer Fähigkeit beurteilt,
- ob Sie Fragen richtig erfassen,
- ob Sie sachlich angemessen und adressatenbezogen antworten, also keine umgangssprachlichen Elemente, Jargon, Füllbegriffe verwenden
- und ob Sie in der Lage sind, Fragestellungen und Sachverhalte zu problematisieren und selbstständig zu entwickeln.

Gespräch – Bewertung

Die Bewertung der mündlichen Prüfung hängt in etwa gleichen Teilen von Ihrer mündlichen Darstellungsfähigkeit und Ihren Fachkenntnissen ab. Zudem sind beide Teile der Prüfung gleichwertig.

2. Vorbereitung auf die mündliche Prüfung

Sie sollten, bevor Sie sich zur mündlichen Prüfung melden, kritisch überprüft haben, ob Deutsch das richtige Fach als 4. Abiturfach ist. Überlegen Sie, wo Ihre Stärken und Schwächen im Deutschunterricht liegen, indem Sie sich ehrlich folgende Fragen beantworten:

- Sind Sie in der Lage, einen Text schnell zu analysieren und zu deuten?
- Haben Sie das Gefühl, dass Ihre Ausführungen differenziert sind?
- Können Sie – unter Verwendung eines Stichwortzettels – flüssig einen komplexeren Inhalt vortragen?
- Verstehen Sie die Fragen Ihres Fachlehrers ohne Probleme und können Sie die Fragen angemessen beantworten?
- Haben Sie das Gefühl, dass Ihr Fachlehrer eine positive Einstellung zu Ihnen hat; haben Sie Vertrauen zu Ihrem Fachlehrer?

Vorbereitung der Inhalte

- Bedenken Sie, dass Sie kurz vor der mündlichen Prüfung nicht noch einmal alle gelesenen Text durcharbeiten können. Arbeiten Sie also innerhalb der Qualifikationsphase kontinuierlich, indem Sie in jeder Stunde einige wichtige Aspekte notieren.
- Machen Sie sich klar, dass Sie die wesentlichen Inhalte von zwei Jahren kennen müssen, denn im mündlichen Abitur gibt es keine Auswahlthemen. Es wird aber keineswegs von Ihnen gefordert, alle inhaltlichen Feinheiten zu kennen.
- Sie müssen sich umfassend vorbereiten. Lassen Sie sich nicht davon beeinflussen, wenn ehemalige Abiturienten sagen, dass sie viel zu viel gelernt hätten, denn im mündlichen Abitur sei nur ein winziger Teil der vorbereiteten Inhalte angesprochen worden. Das ist selbstverständlich, denn in 30 Minuten kann man nicht alle Themen einbeziehen. Viel häufiger hört man allerdings nach dem mündlichen Abitur: „Genau darauf habe ich mich nicht vorbereitet."
- Überlegen Sie zunächst, welche Themenbereiche zentral behandelt wurden und beginnen Sie schon frühzeitig damit, Kernthesen, Problemstellungen, Epochenkennzeichen usw. auf Karteikarten (DIN-A-5) zu notieren, die Sie dann im Laufe der Zeit ergänzen. Trotz des Einsatzes von Computern hat die Karteikarte wegen der einfachen Handhabung und der

von Ihnen gewählten Form der Einträge nach wie vor große Vorzüge! Zudem können Sie Karteikarten jederzeit mitnehmen.
- Erstellen Sie Karteikarten mit Fragen, die sich Ihnen im Laufe der Vorbereitungszeit stellen (z. B. Wie lässt sich die Epoche „Realismus" bestimmen? Welche Bedeutung hat die Idee der „Aufklärung"?) Versuchen Sie die Antworten aus Ihnen zugänglichem Material knapp und verständlich auf der Rückseite der Karteikarte zu formulieren.
- Versuchen Sie, Ihr Wissen zu strukturieren, indem Sie beispielsweise Autoren, Werke und thematische Aspekte (Romantheorie, Dramentheorie) einer Epoche zuordnen.
- Notieren Sie sich zu diesen Wissensbereichen Fachbegriffe. Eine Prüfungskommission ist durch die **korrekte** Verwendung von Fachbegriffen und durch zutreffende Epochenzuordnungen durchaus zu beeindrucken.

Einüben des freien Vortrags und des Zeitmanagements

Absprachen über Spezialgebiete und Schwerpunkte **sind nicht gestattet**, daher wird Ihr Fachlehrer Ihnen in dieser Hinsicht keine Auskunft erteilen.

Bitten Sie jedoch Ihren Fachlehrer die Prüfungssituation zu simulieren, damit Sie einmal ein Gespür bekommen für den Zeitrahmen der Prüfung und der Vorbereitung.

Die Technik der Bearbeitung eines Textes unter dem Zeitdruck von 30 Minuten sollten Sie zunächst mehrmals für sich einüben. Profitieren Sie bei der Simulation von Aufgabenstellungen aus ehemaligen Hausaufgaben:

Simulation der Textbearbeitung

- Legen Sie sich DIN-A4 Papier zurecht. Wählen Sie aus einem Ihnen schon bekannten Text eine Szene oder ein kurzes Kapitel im Umfang etwa einer DIN-A4 Seite.
- Stellen Sie sich eine zunächst sehr allgemeine Aufgabe, etwa „Analysieren Sie den vorliegenden Text."
- Skizzieren Sie auf einem DIN-A4 Blatt eine Gliederung, und wählen Sie hinreichende Abstände zwischen den einzelnen Gliederungspunkten, um später etwas hinzufügen zu können.

- Nehmen Sie zur Ausarbeitung für jeden Gliederungspunkt ein weiteres Blatt (mit Seitenzahlen versehen), schreiben Sie sauber und groß Stichwörter zu den einzelnen Aspekten.
- Markieren Sie auf Ihrem Text Zitate, die Sie einbeziehen wollen; mit Zahlen auch auf Ihrem Notizzettel. Durch diese Übung vermeiden Sie, dass Sie später in der Aufregung der Prüfung Zettel vertauschen, Zitate nicht wiederfinden oder Ihre Schrift nicht mehr lesen können.
- **Verzichten Sie unbedingt darauf, Ihre Gedanken auszuformulieren.**
- Ihnen wird sofort klar sein, dass Sie einen vollständigen Text in der vorgegebenen Zeit niemals schreiben könnten, wenn Sie wissen, dass eine DIN-A-4 Seite normal beschrieben in etwa 3 Minuten vorgelesen wird. Zudem wird ja gerade Ihre Fähigkeit zum freien Vortrag beurteilt.

Tipp

Langzeit – Tipp: Sammeln Sie im Laufe der Zeit Standardformulierungen, die Sie bei der Analyse verwenden können.

- Versuchen Sie abschließend Ihre Textanalyse in einen erweiterten Horizont zu stellen (z. B. eine Epoche, einen Gattungsaspekt, eine Thematik), oder die angesprochenen Gesichtspunkte zu problematisieren.

Nach 30 Minuten sollten Sie aufhören und Ihren Vortrag „halten". Versuchen Sie es zunächst mit einem Recorder; vielleicht sind auch Ihre Eltern bereit, sich Ihren Vortrag einmal anzuhören. Später sollten Sie diese Übung mit Kursmitgliedern durchführen (eine hervorragende Übung zur Wiederholung von Stoffen).Bedenken Sie bei Ihrem Vortrag, dass Ihnen ca. 10 Minuten zur Verfügung stehen. Arbeiten Sie also auch beim Vortrag mit der Uhr, damit Sie ein Zeitgefühl bekommen.

3. Beispielaufgabe und Lösung

> **Aufgabenart I: Analyse eines Sachtextes**
>
> **Text:** Christian Rochow: Das bürgerliche Trauerspiel. Reclam Stuttgart 1999 (S. 7 ff)
>
> **Aufgabenstellung:**
> Arbeiten Sie die wesentlichen Gedanken des Textes heraus, setzen Sie sich mit den Aussagen des Verfassers auseinander und gehen Sie bei Ihrer Darstellung auf Lessings Drama „Emilia Galotti" ein.

Text	Thesen und wesentliche Gedanken	Fragen und Probleme
Christian Rochow[1]: Das bürgerliche Trauerspiel Einleitung		
Das bürgerliche Trauerspiel ist heute eine tote Gattung (wenn es denn überhaupt eine Gattung war). Seine Wertschätzung entstand und schwand im Laufe einer Generation. Welch große Bedeutung ihm zugesprochen wurde, mag folgende Aussage des Wiener Aufklärers Joseph von Sonnenfels verdeutlichen:	**Ausgangsthese** – b. T. im 20. Jahrhundert tot 18. Jhd. Aufklärung große Bedeutung	Def. – Gattung Gründe für Ablehnung und Zustimmung?
»In der hohen Tragödie liegt … der Antheil eines Standes, der dazu nicht sehr zahlreich ist ; – in dem bürgerlichen Trauerspiele […] liegt der Antheil des ganzen menschlichen Geschlechts« (Briefe über die Wienerische Schaubühne, 1768.). Doch schon dreißig Jahre später definiert Johann Friedrich Schütze das bürgerliche Trauerspiel spöttisch-verächtlich als ein Drama, »worin Leute bürgerlichen Standes sich selbst und den Zuschauern trübe und traurige Stunden machen«. Noch aufschlussreicher ist, was Friedrich Schiller unmittelbar nach Vollendung	**Zitat – positiv** Gegensatz klassische Tragödie – bürgerliches Trauerspiel = kleine Schicht – ganzes „menschl. Geschlecht" **Zitat – negativ** abwertende Äußerung –	Definition vgl. tragische Fallhöhe etc. wertet das Bürgertum ab?

175

seines bürgerlichen Trauerspiels Kabale und Liebe notierte: Ich kann es mir jezt nicht vergeben, daß ich so eigensinnig, vielleicht auch so eitel war, um in einer entgegengesetzten Sphäre zu glänzen, meine Phantasie in die Schranken des bürgerlichen Kothurns[2] einzäunen zu wollen, da die hohe Tragödie ein so fruchtbares Feld, und für mich, möcht ich sagen, da ist; da ich in diesem Fache größer und glänzender erscheinen, und mehr Dank und Erstaunen wirken kann, als in keinem ändern [...].[3] Schiller, der kein zweites bürgerliches Trauerspiel schreiben sollte, formulierte hier ein Unbehagen, das dem heutigen Theaterbesucher und Leser vertraut sein dürfte: an die Stelle der Allverfügbarkeit der Welt als theatraler Stoff scheint im bürgerlichen Trauerspiel eine enge, durch die Verhältnisse erzwungene Beschränkung zu treten, der allenfalls psychologisches Raffinement oder antihöfische Agitation abzugewinnen sind. Nur zwei Werke dieser Gattung haben im Literaturkanon überlebt: Emilia Galotti und Kabale und Liebe. Gelegentlich erscheinen sie (in der Regel ohne größere Resonanz beim Publikum) auf den Spielplänen der deutschen Theater. Wieso konnte also die Gattung des bürgerlichen Trauerspiels nicht nur im allgemeinen Bewusstsein vorhanden bleiben, sondern sogar in den letzten vierzig Jahren das besondere Interesse der Forschung auf sich ziehen? 340 Wörter	Schiller 1783 – nach Kabale und Liebe **Schiller Zitat!!** Fantasie eingegrenzt durch das Bürgerliche hohe Tragödie bietet mehr Stoffe? Konflikte? entspricht eher der Theorie der Tragödie! Schillers Unbehagen und das der heutigen Theaterbesucher – gleich? Verengung des Stoffes – vgl. Schiller Aufführungen in der Gegenwart ohne Resonanz Forschungsinteresse – Widerspruch zur Aufführungspraxis?	ist ihm der bürgerliche Akzent peinlich? warum? Ironie – bürgerlicher Kothurn? These, warum Schiller keine weiteren b. T. schrieb? hier: problematisieren – stimmt diese These der Verengung? falsch – vgl. Aufführungen der letzten Zeit (Klett – Emilia)

(Die Literaturhinweise wurden gestrichen. Ansonsten ist der Text nur unwesentlich gekürzt)

[1] Rochow hat über „Das Drama hohen Stils. Aufklärung und Tragödie 1730 – 1790" promoviert; er ist Literaturwissenschaftler, Schriftsteller und Kritiker.
[2] Kothurn – hoher Schnürschuh in der klassischen antiken Tragödie, um den Schauspieler größer erscheinen zu lassen
[3] Anmerkungen zu Don Karlos

Arbeitsschritte:

1. **Genaue Überprüfung der Anforderungen:**

- Erarbeitung der zentralen Gedanken (= Thesen, Begründungen, Beispiele herausarbeiten)
- kritische Auseinandersetzung mit den Aussagen (= problematisieren, differenzieren, konkretisieren, Gegenwartsbezug herstellen)
- Einbezug des Dramas „Emilia Galotti"; dieses Drama als „gattungstypisch", als epochenspezifisch, als beispielhaft für die soziologische Perspektive usw. charakterisieren

2. **Erarbeitung – Musterlösung**

1. Thesen und Ausführung	2. kritische Auseinandersetzung und Fragen	3. Emilia Galotti
1. **Ausgangsthese:** bürgerliches Trauerspiel als Gattung in der jetzigen Zeit ohne Bedeutung (= tot) – vgl. Gegenthese	a) Was ist hier mit „Gattung" gemeint? – Mögliche Antwort: dramentheoretische Definition des bürgerlichen Trauerspiels anhand von Lessings Thesen b) Bezug zur Gegenwart – gilt diese Aussage für die Grundidee des bürgerlichen Trauerspiels oder für die vorhandenen Dramen und ihre Inhalte? c) **Gegenthese zu 1:** Aufführungspraxis zeigt, dass die Thematik lebendig ist!	zu a) Das Drama ist eher als Variante der klassischen Tragödie zu sehen (keine eigene Gattung!), Grundelemente der klassischen Tragödie – Furcht, Mitleid, Katharsis bleiben erhalten zu c) Emilia als Opfer und als Projektion eigener Vorstellungen – auch heute noch von Bedeutung
2. **Zitat** von Sonnenfels 1768 – Gegensatz klassische Tragödie = hohe Tragödie/bürgerliches Trauerspiel hohe T. – Adel/zahlenmäßig gering (daher weniger bedeutend)	a) 1768 – gesellschaftspolitisch positive Befürwortung (bürgerliches Trauerspiel = Drama für die ganze Menschheit!) b) hohe Tragödie (erinnert an die tragische Fallhöhe!) bürgerliches Trauer-	a) Emilia schon 1758 entworfen, 1772 aufgeführt! b) Umkehrung der hohen Tragödie: Adel begeht Verbrechen, bürgerliche Unschuld wird vernichtet (keine tr. Fallhöhe,

177

b. T. von großer Bedeutung	spiel – Bürger als tragische „Helden" c) Hinweis auf die zahlenmäßigen Anteile der Stände übersieht die politische Bedeutung	jedoch Möglichkeit des Mitleidens!) c) Gerade die politische Dominanz und Skrupellosigkeit des Adels ist zentrales Thema
3. Zitat – Schütze wertet das b. Tr. ab als „trübe" im Sinne von langweilig und als „traurig" = schwerfällig oder trostlos	a) Ist diese Aussage eine Ablehnung des b. Tr. oder des langweiligen Bürgertums? b) möglicher Einfluss der franz. Revolution? c) traurig offensichtlich nicht im Sinne des Trauerspiels (= tragisch) gemeint	Schütze verkennt die moralische und politische Komponente des bürgerliche Trauerspiels; Emilia enthält es Elemente der „Aufklärung"! – Gegensatz zu trübe! Zudem ist das Drama nicht traurig, sondern tragisch!
4. Zitat von Schiller: nach Kabale und Liebe 1782 a) verzeiht sich nicht:mit einem b. Tr. Erfolg gehabt zu haben b) sieht im b. Tr. Einschränkung seiner Phantasie c) sieht seine Berufung für die hohe Tragödie d) nicht zuletzt wegen eines größeren Erfolgs	a) Widerspruch zur Idee „Schaubühne als moralische Anstalt" (1784) b) verlangt das b. Tr. mehr Realitätssinn und weniger Fantasie? c) Ist das klassische Theater eher geeignet für Schillers Publikum (Bildungsbürger?)? d) Ist die hohe = klassische Tragödie anspruchsvoller und damit intellektuell angemessener? e) Ende der Aufklärung und Übergang zur Klassik	a) Schillers Hinweis auf die Thematik des b. Tr. deutet an, dass das bürgerliche Milieu bei der Stoff- und Personenwahl einschränkt, das klassische Trauerspiel kann sich auf historische Figuren (Maria Stuart, Johanna von Orleans) und klassische Stoffe (Iphigenie) beziehen, damit erheblich mehr Stoffauswahl b) Schon „Kabale und Liebe" übernimmt mehrere Muster von Lessing (Marinelli/Wurm – Vater als engstirniger Patriarch, Orsina und Melfort usw.); damit erheblich mehr Stoffauswahl

5. **These = Bezug zur einleitenden These und zu Schiller:** Der gegenwärtige Zuschauer und Leser fühlt Unzufriedenheit wegen der stofflichen Eingrenzung des b. Tr., es kann nur Interesse erzeugen durch methodische Tricks.	**Gegenthese:** Gerade die Übertragungsmöglichkeit auf die eigenen Erfahrungen, die Thematik Erziehung, Machtgefälle, Missverständnisse, Uneinsichtigkeit usw. machen das b. Tr. auch für die Gegenwart interessant. **Hier könnte man die Frage stellen, ob klassische Dramen bzw. historische Stoffe nicht ebenfalls „Unlust" erzeugen können.**	Zutreffend, dass das Interesse an Emilia durch die – sehr verdeckte – Kritik am interessantesten ist, dass zudem der Tod Emilias psychologisch vielfältige Deutungen zulässt; durchaus zuzustimmen, dass die stoffliche Vielfalt nicht gegeben ist.
6. **Abschließende Frage:** Wieso konnte trotz dieser Abwertungen das b. Tr. im Bewusstsein bleiben, warum interessiert sich die Forschung wieder erneut für das b. Tr.?	a) **Zunächst ist es sachlich falsch, dass die Aufführungen ohne Resonanz bleiben:** Beide Theaterstücke werden sehr häufig gespielt, vgl. Rezensionen in – Emilia Galotti – Editionen mit Materialien Klett 2005. b) Der Stoff ist – gerade für Jugendliche einfacher nachzuvollziehen als Ideendramen, c) das Interesse der Forschung lässt sich vielleicht mit einer veränderten Einschätzung der Aufklärung und der Entwicklung des Bürgertums erklären.	Gerade „Emilia Galotti" gehört zu den Dramen, die außerordentlich häufig aufgeführt werden (in den letzten Jahren mehrere Fernsehaufzeichnungen!).

4. Die Prüfung

Das vorliegende Raster ermöglicht nun zwei unterschiedliche Darstellungsweisen des Vortrags:
1. Sie können in einer Art Synthese vorgehen und dem Text schrittweise folgend die drei Arbeitshinweise bearbeiten, also Zeile für Zeile vortragen.
2. Sie können jeweils einer Spalte folgen: zunächst stärker auf den Inhalt eingehen, dann die Aussagen problematisieren und auf das Drama „Emilia Galotti" beziehen.

Das 2. Verfahren hat den Vorteil, dass Sie Ihren Vortrag sehr gut gliedern können; dies erleichtert Ihnen und dem Protokollführer die Arbeit. Weiterhin können Sie sich zunächst stärker auf das Inhaltliche konzentrieren, denn damit erleichtern Sie sich Ihren Einstieg in den Vortrag. Zudem können Sie beim Vortrag an einzelnen Stellen stärker straffen, wenn Sie merken, dass Sie in Zeitnot geraten, bzw. umgekehrt durch stärkere Ausrichtung auf das Drama im letzten Teil noch Zeit ausnutzen.

Beginn der Prüfung

- Sie betreten den Prüfungsraum zusammen mit einem Kommissionsmitglied, das Sie abgeholt hat, und begrüßen die Prüfungskommission; hier reicht eine freundliche allgemeine Begrüßung ohne Händedruck.
- Gehen Sie ruhig (aber nicht gespielt „cool") zu Ihrem Platz.
- Nehmen Sie sich Zeit, um Ihre Blätter mit Stichworten sortiert vor sich auszubreiten. Sie benötigen getrennt voneinander den Text – wegen der Zitate – und Ihre Aufzeichnungen; kontrollieren Sie die Nummerierung.

Beispiel für einen Vortrag

- Beginnen Sie Ihren Vortrag mit dem Vorlesen der Arbeitsanweisung, erläutern Sie dann, wie Sie Ihren Vortrag gegliedert haben, dann kann sich die Prüfungskommission besser auf Ihren Vortrag vorbereiten:

Beispiel: Mein Vortrag folgt den Arbeitsanweisungen. Zunächst werde ich die zentralen Thesen und Gedanken des vorliegenden Textes vortragen;

anschließend werde ich bei der Auseinandersetzung mit den Thesen zugleich auf das Drama von Lessing „Emilia Galotti" eingehen, um meine Aussagen zu konkretisieren.

- **Einleitung**:
  Gehen Sie kurz auf den Autor und das Thema des Textes ein. Erwähnen Sie dabei, dass der Verfasser mit seiner Doktorarbeit gezeigt hat, dass er sich mit dem klassischen Theater hervorragend auskennt (hierauf können Sie zum Schluss noch einmal zurückkehren und die Vermutung äußern, dass der Verfasser möglicherweise das „hohe Theater" gegenüber dem „bürgerlichen Theater" vorzieht.).
  Geben Sie einige knappe Informationen zum Drama „Emilia Galotti", das Sie in Ihren Vortrag einbeziehen.

- **Hauptteil**
1. **zentrale Gedanken:**
   - das bürgerliche Trauerspiel ist – als Gattung – in der Gegenwart ohne Bedeutung,
   - dies steht im Gegensatz zur Wertschätzung im Zeitalter der Aufklärung,
   - wie das Zitat von Sonnenfels 1767 (also 4 Jahre vor der Aufführung der „Emilia Galotti") beweist,
   - **Zitat**
   - **Auswertung:** das heißt, dass Sonnenfels dem bürgerlichen Trauerspiel eine überragende Bedeutung gibt, da hier allgemein menschliche Probleme angesprochen werden,
   - Gegensatz: die klassische Tragödie, die nur auf einen kleinen Personenkreis abzielt.
   - 30 Jahre später findet sich schon die vollständige Abwertung:
   - **Zitat**
   - **Auswertung:** Schütze behauptet, das bürgerliche Trauerspiel sei uninteressant und langweile mit seinen Stoffen, die einem uninteressanten Stand entspringen, auch die Zuschauer!
   - Erstaunlich ist die abschätzige Äußerung von Schiller, der 1782 mit „Kabale und Liebe" ein sehr erfolgreiches bürgerliches Trauerspiel geschrieben hat,
   - **Zusammenfassung von Schillers Gedankengang mit Zitaten.**

- **Wiederaufnahme der Ausgangsthese: Rochow behauptet,** der heutige Zuschauer finde das bürgerliche Trauerspiel wegen der stofflichen Beschränkung langweilig und überholt,
- Aufführungen von bürgerlichen Trauerspielen hätten wenig Resonanz,
- allerdings interessiert sich die Fachwissenschaft wieder besonders für das bürgerliche Trauerspiel.

2. **Auseinandersetzung mit den Gedanken und Bezug zum Drama „Emilia Galotti"**
Hier können Sie die beiden Spalten „kritische Auseinandersetzung" und „Emilia Galotti" von 1– 6 nacheinander vortragen, die Informationen in den Spalten bieten ausreichend Material für einen 7-minütigen Vortrag.

- **Schluss:**
Möglichkeiten:
  - Erläutern Sie Ihre persönliche Meinung zu dem Thema „das bürgerliche Trauerspiel" – im Hinblick auf das Drama „Emilia Galotti".
  - Versuchen Sie eine Antwort darauf, warum das „bürgerliche Trauerspiel" im Gegensatz zu Rochows Meinung nach wie vor aktuell ist.
  - Gehen Sie auf Lessings Mitleid-Theorie ein, um zu belegen, dass das „bürgerliche Trauerspiel" durchaus aktuell ist.
  - Sollten Sie Goethes **„Urfaust"** oder Schillers **„Kabale und Liebe"** gelesen haben, weiten Sie Ihre abschließenden Gedanken darauf aus.

Das Prüfungsgespräch

- Sollten Sie weitere Dramen gelesen haben, in denen Themen des bürgerlichen Trauerspiels behandelt werden, kann die Prüfung möglicherweise daran anknüpfen, oder Ihr Prüfer wird auf ein klassisches Drama eingehen (wenn er mit Ihrem Kurs ein Drama der Klassik gelesen hat) und mit Ihnen die Thesen des Textes überprüfen.
- Eine weitere Möglichkeit: Wenn Sie ein modernes Drama bearbeitet haben, können Sie von der Frage der Thematik und der Grundstruktur moderner Dramen ausgehen. Beispielsweise könnte das Gespräch die Grundideen des „epischen Theaters" oder des „dokumentarischen Theaters" einbeziehen.

- Ein Thema, das sich damit verknüpfen ließe, wäre die Frage der Dramentheorien, vor allem die Frage nach dem „Mitleid" und den „Helden" der klassischen Tragödie.
- Ein interessanter Übergang wäre möglich durch die Lektüre des Romans **„Irrungen – Wirrungen"**. Ausgehend von der Frage, welche Rolle die weiblichen Hauptpersonen in diesem Roman einnehmen, kann das Gespräch auch auf die Rolle der weiblichen Hauptperson im **„Vorleser"** eingehen.